Silke Bader

# Engel antworten Dir

## aus der Quelle der Liebe

Ein Übungsbuch für den täglichen Kontakt mit Engeln

# WINDPFERD

3. Auflage 2008
© 2005 Windpferd Verlagsgesellschaft mbH, Aitrang
www.windpferd.de
Alle Rechte vorbehalten
Umschlaggestaltung und Layout: Marx Grafik & ArtWork
unter Verwendung einer Illustration von Silke Bader
Illustrationen: Silke Bader
Lektorat: Silke Kleemann
Gesetzt aus der Adobe Garamond
Gesamtherstellung: Schneelöwe Verlagsberatung & Verlag, Aitrang
Druck: Himmer AG, Augsburg
Gedruckt auf säurefreiem, chlorfrei gebleichtem Papier
Printed in Germany · ISBN 978-3-89385-498-1

# Inhalt

# Danksagung

In meiner Liebe und Begeisterung für Kristalle, die für mich sehr stark die Engelsenergien repräsentieren, hatte ich eines Nachts einen wunderschönen Traum:

Ich träumte, dass ich meinen Seelenkristall, einen rosafarbenen Morganit mit Aquamarin-Einschlüssen in der Hand hielt und in dem transparenten Stein Einschlüsse von goldenen Rutilnadeln sah. Ich war überwältigt von der Schönheit dieses Minerals und eine Stimme sagte im Traum zu mir: Die Nadeln sind die Kiele von Engelsfedern …

Voller Rührung erwachte ich, noch ganz eingenommen von der Schwingung und Schönheit dieses Steines.

In einem Edelsteinbuch stieß ich dann darauf, dass man die Rutilnadeln in der Antike auch als „Engelshaar" bezeichnete, und freute mich sehr über dieses Traumsymbol, das mir in der Nacht geschenkt worden war. Mit tiefer Freude und Erfüllung im Herzen darf ich die Engelsfeder schwingen und die Engelbilder und -worte übermitteln.

So gilt mein Dank den geistigen Helfern, die mich in diesem Prozess geführt und begleitet haben, und besonders meiner Seelenhälfte Siegfried, mit dem ich himmlisches Glück und Liebe hier auf Erden erleben darf.

Das Buch widme ich meiner lieben Mutter Ruth, die bereits ins Licht gegangen ist und für immer einen Platz in meinem Herzen hat.

Ein Dankeschön auch an meine Seelengeschwister, mit denen ich einen wunderbaren geistigen Entwicklungsweg gehe.

Und nicht zuletzt danke ich Frau Jünemann vom Windpferd Verlag für ihre von Herzen getragene Unterstützung. ICH BIN sehr dankbar für die Führung, dass meine Engel über den Windpferd Verlag in die Welt hinaus fliegen dürfen, um viele Herzen zu erfreuen.

# Vorwort

## Vom Engel der Wandlung

Liebes Engelwesen im menschlichen Gewand,
wir segnen Dich mit unseren Liebesströmen und laden Dich ein,
in Deine ureigene Quelle
– Dein hellstrahlendes, göttliches Ich Bin – einzutauchen.
Wir sind zutiefst berührt, zu sehen und zu fühlen, dass Du bereit bist,
Dich an Dein wahres göttliches Sein zu erinnern. In Wahrheit bist Du
nie getrennt gewesen vom göttlichen Herzen, doch es war Deine Wahl,
die Erfahrungen der Dualität zu durchlaufen und dafür den Schleier des
Vergessens um Dich zu hüllen.
Nun ist es an der Zeit, ganz und gar zu erwachen im göttlichen Be-
wusstsein. Du, liebes Engelwesen, erfährst die Gnade, dies in Deinem
irdischen Gewande erleben zu dürfen.
Wir sehen mit großer Freude, wie Dein Liebespotential von Tag zu Tag
wächst, und dürfen Dir dabei behilflich sein, den Schleier zu lüften.
Du durchlebst einen großartigen Wandlungsprozess, denn auch Dein
physischer Körper wird lichter und leichter. Vertraue auf das göttliche
Licht in Deinem Inneren und lass alles los,
was Deiner Schwingung nicht mehr entspricht.
Ich Bin Licht
Ich Bin Liebe
Ich Bin im Herzen des All-Einen
und der All-Eine ist in mir
Wisse, liebes Engelwesen im irdischen Gewande, dass Du ein Segen
für diesen Planeten bist, denn mit Deinem Bewusstsein erhöhst Du die
Schwingung von Mutter Erde und allem Seienden. So verströme Deine
Liebe, dies ist Dein Dienst, und wir aus unseren Sphären versorgen Dich
mit allem, was Du brauchst.
Richte Dein Bewusstsein aus auf Liebe und Frieden und erschaffe
die neue Welt.
Wir sind an Deiner Seite. Erkenne, was Du wirklich bist:
Reines göttliches Bewusstsein.
Wir verneigen uns vor Dir und senden Ströme der Liebe und Heilung
in Dein Herz.

Gott zum Gruße.

# Einleitung

Wenn wir der Welt der Engel begegnen, so betreten wir eine Realitätsebene aus Licht, Schwingung, Farbe, Klang und Liebe. Unserem physischen Auge bleibt diese Welt meist verborgen, doch wir können uns mit einer Vielzahl von Wahrnehmungskanälen für Engel sensibilisieren und damit ihre heilsamen Schwingungen in unser Leben einfließen lassen.

Die Berührung mit Engeln bringt uns Menschen unserer wahren Natur immer näher, denn auch wir sind geistige Wesen und Seelen, die sich während einer irdischen Inkarnation im Gewand eines physischen Körpers entwickeln dürfen. Für die physische Realität sind wir ausgestattet mit dem Verstandesbewusstsein, welches uns in Raum und Zeit Orientierung finden lässt. So besitzen wir zusätzlich feinstoffliche Körper, die unseren physischen Freund Körper beseelen, aber auch höherschwingenden Seinsebenen zugehörig sind. Über diese Ebenen stehen wir im ständigen Austausch mit den uns begleitenden Engeln und Lichtwesen, die uns in ihrer liebevollen Präsenz mit Energien versorgen, die wir für unsere Entwicklung benötigen. Unser Schutzengel hat eine besondere Aufgabe übernommen, indem er über unser Wachstum wacht und uns liebevoll auf unserem Lebensweg führt.

Wir können uns gut vorstellen, um wie viel mehr die helfenden und heilsamen Energien der Engel in unserem Leben wirksam werden können, wenn wir ihnen auch die Türen unseres Tagesbewusstseins öffnen und sie in unser alltägliches Leben einladen. Damit schaffen wir Verbindung, letztlich auch zu unserem eigenen höheren Selbst, in dem alle Weisheit und alles Wissen gespeichert sind. Die Engel helfen uns mit ihrer Präsenz, unsere wahre Natur anzuerkennen: auch wir Menschen sind Licht und Liebe und tragen den göttlichen Funken, das ICH BIN, tief in uns. Das ICH BIN ist das Zentrum unserer Schöpferkraft und aus ihm heraus erschaffen und gestalten wir unsere Lebensrealität.

Nun gibt es auch viele schmerzliche Erfahrungen in unserem Leben, die uns niederschlagen können oder uns als Herausforderung begegnen. Hier ist es besonders hilfreich, die Engel um Begleitung zu bitten, denn sie laden unsere Aura mit liebenden Energien und Gedanken auf. Wir dürfen von Herzen auf diese Kraft und die Hilfe des Universums vertrauen und zurückgreifen, denn mit einer positiven Seelenstimmung und Gemütsverfassung begegnen wir dem Leben viel offener und leichter und beginnen, ganz neue Erlebnisse in unser Leben zu ziehen. Es liegt durch den freien Willen des Menschen also in seiner eigenen Verantwortung, wie sich sein Leben gestaltet. Und die Seele, die sich jenseits von Zeit und Raum entwickelt, strebt immer dem Licht zu. So ist jeder liebe- und friedvolle Gedanke wie ein balsamischer Dünger für unsere Seele, der sie kräftigt und gleich einer wunderschönen Blume im göttlichen Licht erblühen lässt.

Die Engelsbilder, die Du in diesem Buch findest, sind meiner künstlerischen Feder entsprungen und aus einem absichtslosen Impuls entstanden. Ich war selbst ganz erstaunt über die Resonanz in meinem Umfeld und es hat mich tief berührt zu erfahren, was sie in den Menschen bewegen und zum Schwingen bringen. Über Wort und Bild die Engelsenergien vermitteln zu dürfen und damit Menschen, die sich für die Engel öffnen, mit ihrer eigenen Engelsgegenwart in Kontakt zu bringen – das erfüllt mich mit tiefer Dankbarkeit und Freude.

Die Engelsbilder und Engelsworte sind bereits als Kartenset erschienen und in dieser Form ein hilfreiches Instrument, um Dich täglich mit den Engeln zu verbinden. Um die Nähe der Engel zu uns Menschen zu veranschaulichen, stehen sie bewusst mit einer Seelenqualität in Verbindung, die sie durch ihre Präsenz in uns auszulösen vermögen. Denn letztlich tragen wir alle göttlichen Energien in uns, sie müssen nur von Zeit zu Zeit wieder aktiviert werden.

Engel stehen in besonderer Verbindung mit den göttlichen Farbstrahlen. Farben wirken sich heilend auf Körper, Geist und Seele aus. Mit dem Wissen um die Kraft der Farbstrahlen ist uns ein weiteres Instrument gegeben, unsere Entwicklung ganzheitlich zu fördern und unsere Stimmungen auszubalancieren. In besonderem Maße sind die Farbstrahlen mit den Erzengeln verbunden, denen ich in diesem Buch ein eigenes Kapitel widme.

Lasse Dich beim Lesen dieses Buches ganz einfach hineintragen in die Schwingungen von Licht und Liebe und von der Präsenz der Engel beflügeln.

# Die Vieldimensionalität des Menschen

Wie in der Einleitung schon angedeutet, sind wir Menschen geistige Wesen in einem physischen Körper. Der Körper ist wie das Gefährt oder der Tempel unserer Seele. In unserer Feinstofflichkeit bestehen wir über den physischen Körper hinaus aus vier weiteren Körpern, die uns wie Hüllen umgeben, unsere Aura bilden und sich alle gegenseitig durchdringen.

In unserem menschlichen Bewusstsein erfahren wir uns als ein Individuum und identifizieren uns mit dem Ich. Aus geistiger Sicht bestehen wir jedoch aus einer Vielzahl an Bewusstseinsanteilen unterschiedlichen Entwicklungsgrades. Unsere höchstentwickelten Bewusstseinsanteile bilden unser Höheres Selbst, welches uns wie ein Stern über unserem Haupt durch die Inkarnationen navigiert und uns an unsere wahre Lichtheimat erinnert. Je träger ein Bewusstsein schwingt, umso dichter ist es in seiner Stofflichkeit. Entwicklung der Seele bedeutet also, die Bewusstseinsanteile zu durchlichten, damit sie aufsteigen können, bis sie irgendwann wieder mit der Quelle, der sie alle entspringen, verschmelzen. Dieser Durchlichtungs- und Einheitsfindungsprozess in einem physischen Körper ist die besondere Aufgabe des Menschen, bei der uns die Engel hilfreich zur Seite stehen. Und so können wir es als ein Geschenk begreifen, unsere Göttlichkeit in einem physischen Körper erfahren zu dürfen und damit Geist und Materie zu verbinden.

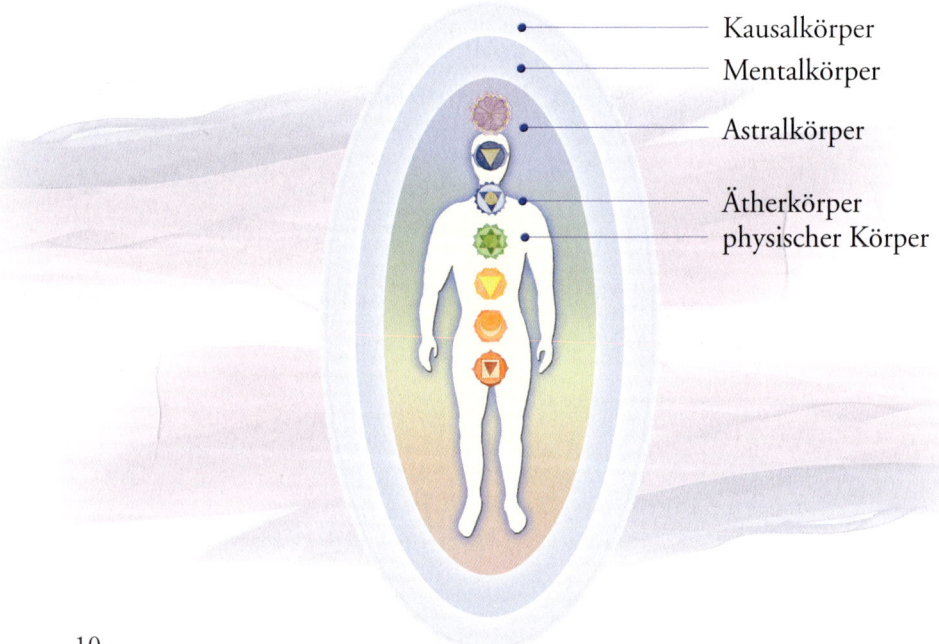

Kausalkörper

Mentalkörper

Astralkörper

Ätherkörper
physischer Körper

Im Folgenden gehen wir auf eine kurze Reise durch die verschiedenen Körper und Bewusstseinsebenen des Menschen, um unsere Ganzheit zu erfassen:

Der grobstofflichste ist unser **physischer Körper**, mit dem wir uns in der materiellen Welt verkörpern. Seine Erscheinung bis hin zum Geschlecht wählen wir uns vor der Inkarnation entsprechend der Lebensaufgabe, die wir uns vornehmen, bewusst aus.

Den physischen Körper durchdringt der **Ätherkörper**. Seine Ausstrahlung reicht ca. 5 cm über die Form unseres physischen Körpers hinaus. Er ist die schützende Hülle und erstrahlt in einem lichten Blau. Der Ätherkörper versorgt alle Organe und Zellen unseres physischen Körpers mit Lebenskraft und Vitalität. Über unsere Energiezentren, die im Astralkörper eingebetteten sieben Haupt-Chakras, empfängt der Ätherkörper die feinstofflichen Energien und lässt sie über ein Netz von Energiebahnen dem physischen Körper zufließen. Besonders im Schlaf findet darüber die Regeneration des physischen Körpers statt.

Als weitere Hülle durchdringt und umgibt uns der **Astralkörper**, der im eigentlichen Sinne die Aura des Menschen bildet. In ihm finden sich alle Gefühle und Emotionen wieder und sind dem hellsichtigen Auge auch als Farben wahrnehmbar. Unbeeinflusst von dieser „Stimmungsaura" gibt es die sogenannte Lebensplanaura, die sich in ein bis zwei vorherrschenden Farben ausdrückt und die über die Zeit unserer Inkarnation hinweg konstant bleibt. Die Farben der Lebensplanaura geben Aufschluss über die Talente und Grundanlagen des Menschen. Sie ist die stärkende Farbschwingung, die den Menschen bei der Umsetzung seiner Lebensaufgabe unterstützt.

Der Astralkörper löst sich, verbunden über die Silberschnur, in der Nacht vom physischen Körper und taucht in die Astral- und Bewusstseinsebenen ein, in denen er sich gemäß seiner momentanen Entwicklung und seiner Aufgaben energetisch ausgleicht und auflädt. Die Aura ist für die meisten Menschen intuitiv wahrnehmbar, da wir in Begegnungen nonverbal über ihre Ausstrahlung kommunizieren. Die Gefühle von Sympathie oder Antipathie entstehen in uns fast unmittelbar durch die Berührung der Aurafelder. Auch treten wir über die Aura in energetischen Austausch mit Menschen, so dass wir uns nach Kontakten entweder inspiriert und gestärkt oder aber müde und ausgelaugt fühlen können. Im Wissen um die Farbstrahlen und ihre Wirkung können wir unser Aurafeld wirksam schützen, wenn wir uns zum Beispiel in einer größeren Menschenmenge befinden, in der eine Vielzahl unterschiedlichster Energien auf uns einwirken. Die Visualisierung weißgoldenen Lichtes bildet einen starken energetischen Schutz, so dass wir uns länger frisch und munter fühlen.

Die nächste Hülle, die uns durchdringt und umgibt, ist der **Mentalkörper**. Er ist dem geistigen Bereich zuzuordnen und in ihm finden sich alle unsere Gedanken wieder. An der Strahlkraft des Mentalkörpers ist aus geistiger Sicht sozusagen die Bewusstheit eines Menschen ablesbar. Jeder liebe- und lichtvolle Gedanke, der nach unserer höchsten Wahrheit strebt, erzeugt ein hellstrahlendes Licht und eine hohe Schwingungsfrequenz in unserer Aura, die viele andere Bewusstseinsanteile anzustoßen vermag.

Als feinstofflichster und höchstschwingender Körper umgibt und durchdringt uns der **Kausalkörper**. In ihm befinden sich unsere höchstentwickelten Bewusstseinsanteile, die eins sind mit dem göttlichen Urlicht. Es sind zum Teil die Bewusstseinsanteile, die bereits aufgestiegen sind durch unsere Lebenserfahrungen, zum größten Teil jedoch hochentwickelte Seelenaspekte, die wir nie mit in eine irdische Inkarnation hineingetragen haben. Wie das Sternenzelt am Firmament leuchten sie zu uns und bilden das Bewusstsein über unsere wahre Lichtheimat ab.

Mit dieser Einführung über die feinstofflichen Körper des Menschen wird bereits deutlich, dass die Welt, wie wir sie über unsere fünf Sinne wahrnehmen, nur ein kleiner Ausschnitt der allumfassenden Wirklichkeit ist und wir Menschen in unserer Ganzheit mit den Engelwesen sehr verbunden sind.

# Die Chakras

Unsere Aura verfügt über Energiepforten, sogenannte Chakras, über die sie kosmische Energien aufnimmt und dem physischen Körper zufließen lässt. Nur wenn diese Energieräder rund und harmonisch schwingen, erleben wir Gesundheit und Vitalität. Negative Emotionen bis hin zu tief sitzenden, emotionalen Verletzungen, die uns nicht immer bewusst und zugänglich sind, können sich wie dunkle Wolken in der Aura des Menschen niederschlagen und den Energiefluss blockieren. Was sich zunächst in seelischer Disharmonie zeigt, kann sich langfristig auch in körperlichen Beschwerden äußern. Diese sollten uns ein deutliches Signal sein, die Aura und speziell den betroffenen Körperbereich energetisch zu stärken und in unserem Leben für Ausgleich und Harmonisierung zu sorgen. Unterstützend ist es hilfreich, in Meditationen über die Visualisierung der Farben die entsprechenden Chakras zu stärken.

**Es gibt sieben Hauptenergiezentren,
die bestimmte Körperbereiche versorgen:**

### Erstes Chakra

Das erste Chakra ist das **Wurzelzentrum**, es liegt im Bereich des Beckenbodens, ihm zugeordnet ist die rote Farbenergie. Das Wurzelzentrum ist Sitz unseres Urvertrauens und kanalisiert die Kundalini-Energie, die schöpferische Kraft im Universum. Die Kundalini-Energie ist lebensnotwendig und -erhaltend. Vom Wurzelzentrum ausgehend fließt sie die Wirbelsäule hinauf und versorgt alle Energiezentren. Eine schützende Membran im Wurzelzentrum passt den Fluss dieser Energie unserem persönlichen Entwicklungsstand an, da ein Übermaß dem Menschen nicht zuträglich wäre. Wir können das Wurzelzentrum stärken, indem wir in die Natur gehen und uns bewusst über die Fußenergiezentren erden.

Das Erdelement findet im Wurzelzentrum und organisch von den Füßen über die Beine bis in den Beckenbereich des Menschen seine Entsprechung.

## Zweites Chakra

Das zweite Chakra ist das **Sakral-** oder **Sexualchakra** und liegt einige Zentimeter unterhalb des Bauchnabels. Es schwingt in einem leuchtenden Orange. Das Sakralchakra versorgt körperlich unseren Unterleib und die Geschlechtsorgane, seelisch steht es für unsere Vitalität und Lebensfreude. Die Energien, die über das Sakralchakra kanalisiert werden, wirken wärmend auf den Organismus und harmonisieren unser Nervensystem. Eine Aktivierung dieses Zentrums lässt Tatendrang erblühen, wir fühlen uns lebendig.

## Drittes Chakra

Das dritte Chakra, das **Sonnengeflecht,** liegt in unserer Magenregion oberhalb des Bauchnabels. Es erstrahlt in leuchtendem Sonnengelb und ist unser Macht- und Willenszentrum. Wie die Sonne unseres Lebens lässt es unsere Persönlichkeit erstrahlen und vermittelt uns tiefe Lebensfreude. Die Funktion des Sonnengeflechts bestimmt maßgeblich, wie wir der Welt begegnen, uns in ihr ausdrücken und gleichzeitig auch die Eindrücke der Umwelt in uns „verdauen". Über dieses Energiezentrum können wir Abhängigkeitsstrukturen lösen, in die wir vielleicht noch verstrickt sind. Ein aktiviertes Sonnengeflecht stärkt Kontaktfreudigkeit und Selbstausdruck: Wir bringen unser Licht in die Welt.

Sakralzentrum und Sonnengeflecht und damit auch die körperlichen Bereiche des Unterleibs und die Verdauungsorgane der körperlichen Mitte sind dem Wasserelement zugeordnet. Wir können diese Energiezentren stärken, indem wir unsere Gefühle in den Fluss bringen.

### Viertes Chakra

Das **Herzzentrum** ist das vierte Chakra und liegt in der Mitte des Brustbereichs. Ihm sind zwei Farben zugeordnet: Grün und Rosa. Das Herzzentrum versorgt körperlich unser organisches Herz und den Blutkreislauf. Seelisch steht es mit allen Herzqualitäten wie Liebe, Mitgefühl und Freundschaft in Verbindung. Das Rosa stärkt den Aspekt der bedingungslosen Liebe, zu der wir aus dem erwachten Christusbewusstsein in uns heraus fähig sind. Das Grün des Herzzentrums lässt uns den eigenen Raum erspüren. Nur wenn wir uns selbst wahrnehmen und fühlen, können wir auch erfüllte Beziehungen zu anderen Menschen aufbauen. Aus dieser inneren Freiheit erwächst eine bedingungslose Hinwendung an unser Gegenüber, in der sich die Herzensqualitäten frei verströmen können. Darin liegt eine eigene Heilungsqualität, die sich über die grüne Herzensschwingung ausdrückt.

### Fünftes Chakra

Dem fünften Chakra, dem **Kehlzentrum,** entspricht unser Halsbereich und Kehlkopf und es erstrahlt in einem hell leuchtenden Blau. Das Kehlchakra steht mit unserer Kommunikationskraft und organisch mit dem Kehlkopf und den Atemwegen in Verbindung. In der Farbnuance des Türkis ist das Blau des Kehlchakras mit dem Grün des Herzchakras verbunden und bringt darüber unsere Herzenswahrheit und Herzensweisheit zum Ausdruck. Über ein harmonisch schwingendes Kehlchakra erleben wir die Freiheit und Kreativität unseres Selbstausdruckes. Unsere Stimme ist weich und wohlklingend, denn unsere Stimmbänder sind wie bei einem Instrument auf unsere persönliche Seelenessenz gestimmt und bringen diese klangvoll zum Ausdruck.

Dem Luftelement sind Herz- und Kehlzentrum und damit der Brust- und Halsbereich zugeordnet. Über bewusste Atemübungen und Herzöffnungsmeditationen können wir das Luftelement in uns sowie das Herz- und Kehlchakra stärken.

### Sechstes Chakra

Das **Dritte Auge** im Bereich der Stirnmitte ist unser sechstes Chakra. Es schwingt in der Farbe Indigoblau. Über das Dritte Auge aktiviert sich unsere Vorstellungskraft und damit die Kraft der Visionen sowie unsere Intuition. Das Indigoblau senkt sich beruhigend und kühlend wie die Nacht über unseren Freund Verstand und wir blicken in die grenzenlose Weite unserer Seelenlandschaft. Auch die Tagträume, die so erfrischend auf unsere Seele wirken, entstehen aus dem aktivierten Dritte Auge. So ist das Dritte Auge wie ein Tor zu unseren Seelendimensionen und durch seine Imaginationskraft ein wichtiger Schlüssel im Prozess unseres Mitschöpfertums. Wenn wir das, was wir uns wünschen, so real wie möglich imaginieren und mit unserer ganzen Vorstellungskraft und den Gefühlen in dieses Bild eintauchen, manifestieren wir es als eine geistige Realität, die sich entsprechend der kosmischen Gesetzmäßigkeiten auch in unserem Leben zeigen wird. Dazu später mehr im Kapitel über das Mitschöpfertum.

### Siebtes Chakra

Das siebte Chakra ist das **Scheitelzentrum** auf unserem Haupt, es erstrahlt in einem leuchtenden Violett und gleicht einer Krone, die die feinstofflichen, göttlichen Energien und Impulse empfängt. Die violette Farbschwingung steht für höchste Transformationskraft und gleichzeitig empfangen wir über das Scheitelchakra die geistigen Inspirationen unserer feinstofflichen Helfer und unseres Höheren Selbst. So tragen wir über das Kronenchakra unser Haupt im Himmel.

Das Feuerelement findet im Dritten Auge und im Scheitelchakra seine Entsprechung. Die geistigen und im besonderen Maße die meditativen Aktivitäten stimulieren diese beiden Energiezentren und das Feuerelement in uns.

# Die Farbstrahlen und Erzengel

## Die Farbstrahlenergien

Das weiße Sonnenlicht, wie wir es wahrnehmen können, teilt sich in unterschiedliche Frequenz- und Farbbereiche auf und erstrahlt in allen Farben des Regenbogens. Jeder Farbstrahl steht mit einem unserer Energiezentren in besonderer Verbindung. Diese Zuordnung wurde im vorhergehenden Kapitel über die Chakras erläutert. Das weiße Licht, in dem alle Spektralfarben enthalten sind, ist sozusagen die universelle Energiequelle für unser feinstoffliches System, da wir mit allen Farben versorgt werden, die unsere Energiezentren und auch unser physischer Körper benötigen. Zur ganzheitlichen Harmonisierung können wir uns in unserer Vorstellung unter eine Lichtdusche aus weißem Licht stellen und erfahren augenblicklich eine Reinigung und Klärung unseres Aurafeldes.

Farben haben einen direkten Einfluss auf unsere Emotionen. Mit dem Wissen um die Wirkung der Farben können wir uns in einen anderen Schwingungs- und Gefühlszustand versetzen. Rot wirkt energetisierend, Orange und Gelb steigert unsere Lebenslust und Freude sowie unsere Vitalität, Grün wirkt ausgleichend und heilend, Blau entspannt, weitet und kühlt und Violett wirkt beruhigend und inspirierend. Wir können uns nach Bedarf mit der entsprechenden Farbschwingung umgeben, z. B. in unserer Kleidung oder durch geistige Visualisierung der Farbe. Auf diese Weise ist es möglich, sich jederzeit mit den heilsamen und stärkenden Schwingungen der Farben zu versorgen.

Engel und Lichtwesen stehen ebenfalls mit Farbschwingungen in Verbindung, die das Wirken der Engel und ihre speziellen Aufgaben unterstützen. Eine besondere Funktion erfüllen hier die Erzengel, die als Regent einem Farbstrahl des göttlichen Urlichts im Universum anvertraut sind. Die Erzengel vertreten als Hüter dieser Farbstrahlen die göttlichen Tugenden, die auch in uns Menschen in unserer göttlichen ICH BIN-Gegenwart verankert sind.

Das geistige Ausrichten auf die Erzengel, z. B. in einer Meditation, setzt ein hohes Lichtpotential in uns frei und stärkt unsere Seelenkräfte. Wir dürfen wissen, dass uns über die Verbindung mit einem Erzengel, dem Regenten eines Lichtstrahls, gleichzeitig eine Heerschar von geistigen Helfern, die auf diesem Strahl wirken, zur Seite stehen.

19

So liegt in der Anrufung der Erzengel ein kraftvolles Instrument, mit welchem wir achtsam und verantwortungsbewusst umgehen sollten, da wir mit hohen Ebenen des Lichts in Verbindung treten. Wenn wir uns mit offenem Herzen und Dankbarkeit für diese Unterstützung an sie wenden, dürfen wir uns der göttlichen Hilfe gewiss sein. Diese kann sich manchmal ganz anders ereignen, als wir uns das vorstellen oder gewünscht haben. Doch wer beginnt, bewusst mit dem Licht in sich zu arbeiten, kommt in Verbindung mit der Quelle seines Urvertrauens. Und das Urvertrauen ist der Boden, in dem wir tief wurzeln dürfen, um mit dem göttlichen Licht die wunderbarsten Blüten der Bewusstheit hervorzubringen. So, wie es in der Natur die Jahreszeiten und rhythmischen Wachstumsgesetze gibt, so gibt es auch für unser seelisches Wachstum einen göttlichen Plan, nach dem sich alles zur rechten Zeit entfaltet und ereignet. So sollten wir grundsätzlich darauf achten, wenn wir die Erzengel und Engel um Hilfe bitten, unsere eigenen Vorstellungen loszulassen, damit Raum geschaffen wird für das Neue, das sich nun mit Unterstützung des göttlichen Lichtes in unserem Leben entfalten möchte. Mit der Affirmation: „Der göttliche Wille in mir geschehe", können wir diesen Prozess hilfreich unterstützen.

Das Erzengel-Elemente-Mandala, welches als Energieschaubild die sieben kosmischen Farbstrahlen mit dem achten, übergeordneten Farbstrahl bündelt, ist auf Seite 18 abgebildet. Den Erzengeln sind jeweils auch die Elemente Feuer, Wasser, Luft und Erde zugeordnet. Das Zusammenspiel der Elemente ist in der Natur, aber auch in unserem physischen Körper elementar zu erleben. Die Kraft der Elemente bildet die Verankerung der feinstofflichen Energien in der Materie. Sie sind maßgeblich an jedem Schöpfungsprozess beteiligt. Die Elementarkräfte werden vom Wirken der Naturgeister, der Devas, bestimmt, denen auf einer höheren Ebene jeweils auch ein Erzengel zugeordnet ist.

| Element | Deva | Erzengel |
|---------|------|----------|
| Wasser | Undinen | Michael und Jophiel |
| Feuer | Salamander | Uriel und Zadkiel |
| Luft | Sylphen | Gabriel und Chamuel |
| Erde | Gnome | Raphael und Metatron |

Harmonie und Ausgewogenheit zwischen den Elementen bewirken Gesundheit und kraftvolles Wachstum für Mutter Erde und alles, was aus ihr hervorgeht. Es ist ein Segen für alles Seiende, wenn wir wieder tief zu verstehen beginnen, wie jegliche Existenz, Geist und Materie sich durchdringen und voneinander abhängen. Wir können uns vorstellen, wie alles um uns herum beseelte Natur ist, so wie auch wir geistige Wesen in einem physischen Körper sind. Wenn wir licht- und liebevolle Gedanken aussenden, so fließen diese als stärkende Ströme auch Mutter Erde und der Natur zu und helfen, die ihr zugefügten Belastungen zu transformieren. Wir können Mutter Erde auch bewusst in unsere Meditationen einbeziehen und ihr unseren Dank und unsere Liebe senden dafür, dass sie uns trägt, nährt und versorgt. Zur Stärkung unseres Körpers sind die kurzen Elemente-Meditationen im Kapitel „Die Kraft der vier Elemente" geeignet. Wir dürfen uns bewusst sein, dass diese Energieströme durch uns auch wohltuend auf Mutter Erde einwirken. So verstehen wir immer mehr, was es bedeutet, als geistiges Wesen unseren Dienst zur Durchlichtung und Transformation auf diesem Planeten tun zu dürfen und ein Lichtträger zu sein.

## Die Erzengelenergien

Tauchen wir nun ein in den Regenbogen-Reigen der Erzengel-Farbstrahlen und nehmen ihr Wirken tief in unserer Seele auf:

### Erzengel Michael

Auf dem ersten, saphirblauen Strahl des göttlichen Lichts wirkt **Erzengel Michael**. Seine Energien vermitteln uns Frieden, Freiheit, Schutz und Glauben. Seine saphirblaue Farbschwingung umfängt unsere Seele mit einem Mantel aus mütterlich schützenden Energien, in denen wir uns geborgen fühlen und alles loslassen können. Tiefer Frieden umfängt uns und wir werden ruhig und gelassen.

Gleichzeitig ist Erzengel Michael eine sehr kraftvolle Energie, oftmals wird er mit einem Lichtschwert dargestellt. Dieses symbolisiert seine befreiende Wirkung auf unsere Seele, denn er vermag Verstrickungen, die meist karmischen Ursprungs sind, zu durchtrennen und zu lösen. Wenn wir uns aus Situationen oder auch von Menschen, die unserem seelischen Wachstum nicht mehr zuträglich sind, befreien möchten, dürfen wir Erzengel Michael zu uns rufen und ihn bitten, die Verstrickungen in unserem Leben aufzulösen.

Das Blau seiner Schwingung stärkt die Kraft unseres Glaubens und verbindet uns mit unserer Intuition.

Erzengel Michael steht mit dem Element Wasser in Verbindung. Wie ein tiefer Ozean nimmt er unsere Seele in sich auf und lässt uns unsere göttliche Einheit spüren. Wir dürfen uns wie ein Embryo im Urwasser des göttlichen Mutterschoßes gänzlich geborgen fühlen.

## Erzengel Jophiel

**Erzengel Jophiel** ist der Regent des zweiten, goldgelben Strahls des göttlichen Lichts. Jophiel vermittelt uns die Fülle des Universums, die tiefe Weisheit unserer Seele und sonnengleiche Freude und Lebendigkeit. Das Gelb seiner Farbschwingung aktiviert uns in allen Energiekörpern wie das Licht der Sonne. Er inspiriert und verbindet uns mit der grenzenlosen Fülle des Universums und stärkt unsere Umsetzungskraft. Das Goldgelb wirkt erhellend und erheiternd auf unsere Seele und wir beginnen zu spüren: Ich Bin die Sonne meines Lebens. Aus diesem Bewusstsein, verbunden mit der Kraft der Lebensfreude, erfahren wir die Schöpferkraft in unserem Inneren und ergreifen dankbar die Möglichkeiten, die sich uns zur Verwirklichung unserer Wünsche bieten. Jophiel ermutigt uns, tätig zu werden und den Schatz unserer Talente und Gaben spielerisch zu nutzen. Und die Freude, die wir in seinen Energien verspüren, ist der Antriebsmotor jeglicher Entwicklung.

Erzengel Jophiel ist mit dem Element Wasser verbunden, wie auch das Sonnengeflecht unseres Körpers. Wenn wir uns im Fluss des Lebens befinden, drückt sich unsere Göttlichkeit in allen Aspekten unseres Lebens aus und wir erleben die göttliche Fülle im Hier und Jetzt.

# Erzengel Chamuel

Der dritte, rosarotfarbene Energiestrahl ist der Wirkungsbereich des Erzengels Chamuel, der uns mit bedingungsloser Liebe, Mitgefühl und Fürsorge umfängt. Seine rosarotfarbenen Energien wärmen unser Herz und füllen uns ganz auf mit göttlicher Liebe, die uns in Hülle und Fülle aus dem Universum zufließt. In Chamuels Energien fühlen wir uns bedingungslos geliebt und angenommen, alte Herzenswunden dürfen heilen. Die Liebe ist in ihrer zarten Schwingung die mächtigste Energie des Universums, da sie alles aufzulösen, zu verzeihen, zu vereinen und anzunehmen vermag. Eingehüllt in die rosarotfarbenen Energien wächst unsere Selbstliebe und wir lernen, zu empfangen. Aus dieser inneren Fülle und Fürsorge können wir unsere Liebe ihrem Wesen nach frei verschenken. So dürfen wir das kosmische Gesetz erfahren, dass die Liebe, je mehr wir von ihr verschenken, tausendfach zu uns zurückfließt.

Erzengel Chamuel ist dem Element Luft zugeordnet. „Liebe liegt in der Luft", sie kennt keine Grenzen und wir brauchen sie, wie die Luft zum Atmen. So atme täglich die rosarotfarbene Energie ein, lass Dich anfüllen von göttlicher Liebe und verströme sie über Dein weit geöffnetes Herz. Damit segnest Du das Leben und alles, was ist.

# Erzengel Gabriel

Erzengel Gabriel ist der Regent des vierten, kristallweißen Strahls des göttlichen Lichts und steht für die Energien der Klarheit, Reinheit und Einheit. Seine kristallklaren Energien wirken klärend und ordnend auf unsere Gedankenstrukturen, aber auch auf Blockaden des physischen Körpers, indem die kristallinen Energien bis in die Zellen hinein wirksam sind und hier sogar alte Speicherungen auflösen können. Die kristallweißen

Strahlen bringen das Licht kosmischer Ordnung in unsere oftmals sehr verfestigten Gedankengebäude, die nicht mehr unserer neuen Schwingung entsprechen. Sie bewirken eine tief greifende Reinigung und Erneuerung unseres Lichtkörpers und unserer physischen Zellen, so dass wir uns im Licht göttlicher Klarheit neu erkennen und entfalten können. Gleichzeitig baut das kristallweiße Licht einen sehr starken Schutz um unsere Aura auf. In der Vereinigung aller Farbstrahlen zum weißen Licht liegt die Kraft der Einheit, mit der der kristallweiße Strahl uns tief in die Einheit unseres göttlichen Ich Bin zu führen vermag.

Erzengel Gabriel ist mit dem Element Luft verbunden. Den Atem benötigen wir lebensnotwendig zum Überleben, wir teilen die Luft mit allen Lebewesen dieses Planeten. Sie erhält und versorgt uns gleichermaßen und darin liegt eine vereinigende Kraft. Gleichzeitig ist der Atem ein kosmischer Strom von Energien. Lade ihn in der Meditation mit lichtvollen Gedanken auf und lasse Dich durchströmen.

Sorgen und Ängste können uns manchmal die „Luft abschneiden". Einige beherzte Atemzüge schenken uns Lockerung und Befreiung, wir lassen los und dürfen alles abgeben, was uns beengt. Erzengel Gabriel steht uns dabei mit seinen klärenden Energien liebevoll zur Seite.

### Erzengel Raphael

Auf dem fünften, moosgrünen Strahl des göttlichen Lichts wirkt **Erzengel Raphael**, seine Energien vermitteln uns Heilung, Wahrheit und Harmonisierung. Die Farbschwingung Grün setzt sich aus den Farben Blau (Glaube) und Gelb (Weisheit) zusammen. So vermag der moosgrüne Strahl Synthese zu schaffen und Gegensätze auszugleichen, er harmonisiert uns. Grün ist auch die Kraft des Wachstums und so wirkt der moosgrüne Strahl stärkend auf unsere Gesundheit, sowohl seelisch als auch körperlich. Im Grün der Natur finden wir Ruhe, Entspannung und Ausgleich. Da die Farbe Grün auch mit unserem Herzzentrum korrespondiert, spricht Erzengel Raphael unsere tiefste Herzensweisheit an, so dass wir gepaart mit der Kraft unseres Glaubens die göttliche Wahrheit in uns entfalten.

Erzengel Raphael ist mit dem Element Erde verbunden und so wirken seine Energien kraftvoll auf uns ein, um unsere Herzenswahrheit im Hier und Jetzt, in unserer Lebensrealität zu leben. Dies ist nicht immer der einfachste Weg, da wir oftmals aufgerufen sind, gegen den Strom zu schwimmen und unserem Herzen zu folgen. Hier ist Erzengel Raphael ein beschützender Begleiter, da seine Energien uns bis in unsere physische Existenz hinein stärken und ausgleichen. Er verbindet uns mit unserer inneren Kraftquelle, dem göttlichen Ich Bin.

Wir können das Licht des moosgrünen Strahls aus unserem weit geöffneten Herzen auch einem uns nahe stehenden Menschen, der Heilung benötigt, senden, um ihm heilsame Schwingungen zufließen zu lassen.

### Erzengel Uriel

**Erzengel Uriel** ist mit dem sechsten, rubinrotgoldenen Strahl des göttlichen Lichts verbunden. Seine Schwingungen bringen uns mit den Gefühlen der Dankbarkeit, der Gnade und tiefer Freude und Lebendigkeit in Berührung. Die kraftvolle Farbenergie des Rubin-rot, die eine tiefe, allumfassende Liebe repräsentiert, verbindet sich mit der goldenen Farbschwingung zu einem leuchtenden Orange, welches in uns Lebendigkeit, Freude und Optimismus auszulösen vermag. Wie ein leuchtender Sonnenaufgang am Morgen, der uns einen wunderbaren Tag verspricht, sind wir mit dem rubinrotgoldenen Strahl im Herzen erfüllt von Vorfreude und spüren die Lebendigkeit in uns, all unsere Gaben und Talente zum Wohle alles Seienden in die Welt zu bringen. Wir beginnen, die Fülle des Lebens und der Liebe zu spüren und daraus erwächst das Gefühl tiefster Dankbarkeit. Das leuchtende Orange stimuliert unsere Kreativität und Freude, die Attribute unserer Schöpferkraft. Wenn wir aus diesen Gefühlen unser Leben gestalten, sind wir selbst ein Geschenk an die Schöpfung. Wir erleben tiefe Erfüllung und die Dankbarkeit darüber öffnet immer neue Herzenstüren in uns.

Das Element Feuer ist Erzengel Uriel zugeordnet. Seine rubinrotgoldenen und orangefarbenen Energien entzünden das Feuer der Inspiration in uns, wärmen und weiten unsere Aura und versprühen sich als Freudenfunken in unsere Umgebung. Erzengel Uriel entfacht unsere Entschlossenheit und Tatkraft und inspiriert uns zum kreativen Ausdruck unserer göttlichen Persönlichkeit. Das Orange stärkt das Wesen Deines Inneren Kindes, auf dass Du wieder voller Neugier, Entdeckungsfreude und Unbefangenheit der Welt begegnest. So kann Dich das Leben täglich neu überraschen!

### Erzengel Zadkiel

Auf dem siebten, violetten Strahl des göttlichen Lichts wirkt **Erzengel Zadkiel.** Seine Energien verbinden uns mit der Kraft der Transformation und Vergebung. Das Violett ist eine kraftvolle und tiefgründige Farbschwingung, die uns tief in unsere spirituelle Persönlichkeit eintauchen lässt. So verankert in der Essenz unserer Seele erspüren wir die Energieformen und Blockaden, die uns in der Entfaltung unserer Seele einschränken. Die violette Flamme ist ein kraftvolles Instrument, um alle alten Energieformen wie Ängste oder Traurigkeit umzuwandeln und aufzulösen. Nutze dieses Geschenk des Universums, um Dich von allen Belastungen zu befreien. Die Schöpferkraft liegt in uns und die violette Flamme ist das Werkzeug dazu. Oftmals halten wir selbst an alten Gefühlen wie Verletzung oder Groll fest. Die violette Flamme und Erzengel Zadkiel schenken uns die Kraft zur Vergebung. Aus einer höheren Warte erkennen wir, dass alle Erfahrungen zu unserem Wachstum beigetragen haben und wir sie nun getrost loslassen dürfen. Darin liegt die größte Kraft der Befreiung, die aus tiefer Vergebung erwächst. Wir lassen uns und gleichzeitig auch andere Menschen frei.

Das Violett stimuliert unsere höheren Chakras: das Dritte Auge und das Kronenchakra. Unsere Imaginationskraft wird angeregt und über das Kronenchakra fließen uns die göttlichen Impulse zu, die wir für die nächsten Entwicklungsschritte benötigen.

Erzengel Zadkiel steht mit dem Element Feuer in Verbindung und seine violette Flamme der Transformation ist ein mächtiges Werkzeug, welches uns hier auf Erden geschenkt wurde. Die Kraft des Feuers ist ein Ursymbol für Transformation und wir dürfen die violette Flamme nutzen, um all unseren gedanklichen und emotionalen Ballast zur Wandlung und Befreiung hineinzugeben.

# Erzengel Metatron

Auf dem achten, magentafarbenen Farbstrahl begegnet uns **Erzengel Metatron.** Seine Kraft ist die Energie der Verbindung, der Bestimmung und der Erkenntnis des göttlichen Planes. Magenta ist eine Farbschwingung, die in sich das Violett des siebten Chakras mit dem Rot des ersten Chakras vereint und damit den Regenbogenkreis verbindet und schließt. Dem achten Chakra über unserem Haupt ist der Seelenstern zugeordnet, in dem unser Lebensplan angelegt ist. Magenta ist eine Farbschwingung, die Verbindung schafft, zwischen Himmel und Erde, dem Göttlichen und dem Irdischen, dem Seelenplan und der Lebensrealität. Erzengel Metatron ist der Hüter des göttlichen Planes, in den wir mit unserem persönlichen Lebensplan eingebettet sind. Jede Entwicklung fließt in das große Schöpfungspotential mit ein. Als geistiges Wesen haben wir uns vor unserer Inkarnation einen Lebensplan gewählt. Die Erfüllung dieser Aufgabe lässt unser gesamtes Seelenpotential optimal erblühen und wir können uns darin gänzlich entfalten.

Magenta stimuliert unseren Traumkörper und die Fähigkeit der Seele, tief in die geistigen Gefilde einzutauchen. Die Energien und Erfahrungen aus diesen Reisen tragen wir als stärkende Kraft und Inspiration mit in unser Tagesbewusstsein hinein. Oftmals erinnern wir am Morgen nur kurze Sequenzen dieser Traumbilder. Mit Hilfe des magentafarbenen Strahls wird die Verbindung zwischen diesen Welten gestärkt, so dass wir alle Impulse zur Umsetzung unseres Seelenplanes erhalten.

Erzengel Metatron stärkt in uns die Erkenntnis, dass wir als geistige Wesen in einem physischen Körper hier auf dem Planeten Erde wirken, um das göttliche Licht durch unsere eigenen Manifestationen in der Materie zu verankern. Metatron ist eine hochschwingende, geistige Wesenheit und gleichzeitig mit dem Element Erde verbunden, worin sich seine Verbindung schaffende Kraft ausdrückt. Wir dürfen Erzengel Metatron als unterstützende Kraft zu uns rufen, wenn es darum geht, unsere Träume und Visionen in der Realität unseres Lebens umzusetzen.

Erzengel-Mandala

# Die Kraft der Erzengel in unserem Leben nutzen

Mit den hohen Lichtebenen der Erzengel und Farbstrahlen ist uns ein göttliches Geschenk gegeben, um heilsam und transformierend auf alle unsere Lebensbereiche einzuwirken und die wahre Bestimmung unserer Seele zu entfalten.

Als menschliche Wesen sind wir in unserer irdischen Inkarnation mit dem freien Willen ausgestattet, den über alle hohen kosmischen Gesetze hinaus die geistigen Helfer absolut respektieren. So liegt es immer in unserer eigenen Macht, was wir wählen. Wir können uns jederzeit für das Licht entscheiden und die geistigen Hilfen dankbar erbitten und ergreifen. Wir sollten uns dabei immer unserer Eigenverantwortung bewusst sein und unsere Absicht überprüfen. Alles, was unserem Seelenplan entspricht, der Schöpfung dient und die Freiheit aller Wesen achtet, findet Resonanz in den hohen Lichtebenen und wird unterstützt und verstärkt. Eine Seele, die sich nach dem inneren Licht sehnt und ausstreckt, wird immer stärker den Wunsch nach Entfaltung ihrer göttlichen Ich Bin-Gegenwart spüren.

Mit dem Wissen um die Farbstrahlen, die Erzengel und ihre Wirkungsweise können wir uns bewusst mit den Energien verbinden, die wir gerade benötigen und alle Begrenzungen transformieren, die uns noch von unserem göttlichen Ich Bin trennen.

Die Anrufung der Erzengelnamen setzt ebenfalls ihre hohe Schwingung frei und stärkt die göttlichen Tugenden in uns, die durch die Erzengel vertreten werden.

Lege doch einmal eine „Erzengel-Energie-Woche" ein, in der Du Dich ganz Deinem inneren Regenbogen widmest. Dazu kannst Du das Erzengelmandala an Deinen Meditationsplatz legen und Dich jeden Tag mit einem Farbstrahl verbinden. Folge dabei der Nummerierung und beginne am Sonntag mit Erzengel Michael, der Montag ist Erzengel Jophiel gewidmet, Dienstag begleitet Dich Erzengel Chamuel, usw. Eine kurze Meditation am Tag genügt bereits, in der Du Dich geistig in die jeweilige Farbschwingung hüllst und über Dein geöffnetes Herzzentrum z. B. Erzengel Michael zu Dir rufst. Tauche ganz in die Schwingung ein und sprich die geistigen Worte der entsprechenden Tugenden (z. B. „Ich Bin Glaube, Ich Bin Schutz"). So kannst Du Dich an jedem der acht Tage tief in den Erzengelschwingungen verankern und Dein Lichtpotential erhöhen. Deine Bewusstheit und Sensibilität werden gesteigert und Du wirst Dich ganzheitlich gestärkt fühlen.

Nutze die Kraft der Farben und Engel für Dein Wohlergehen und Du wirst erstaunt sein, wie sich Dein Leben hin zu mehr Erfüllung und Wohlbefinden zu wandeln beginnt.

# Die Kraft der Vier Elemente

In jeglicher Materie, feinstofflich wie grobstofflich, findet sich die Kraft der vier Elemente Feuer, Wasser, Luft und Erde wieder. Der kosmische Geist ist die ordnende Kraft, so dass aus dem Stoff der Elemente Materie entstehen kann. Am eindrücklichsten erfahren wir die Elemente und die Schöpfungsprozesse in der Natur. Von Mutter Natur und ihren organischen Wachstumsprozessen können wir viel über die Gesetze des Lebens lernen.

Gehe so oft wie möglich in die Natur, um Körper, Geist und Seele zu nähren. Das Grün der Bäume und Wiesen harmonisiert und stärkt Deine Aura, das Licht der Sonne versorgt Deine Energiezentren ganzheitlich. Stimme Dich auf den Herzschlag von Mutter Erde ein und lerne darauf zu vertrauen, dass das Leben Dich trägt und versorgt. Wenn Du in Deiner Mitte ruhst, wirst Du die Signale, die Stimme Deines Herzens deutlich wahrnehmen.

In der Natur kannst Du Dich über das physische Erleben der Elemente berühren lassen und die Kräfte in Dir in den Einklang bringen. Wenn Du Deinen Blick und Deine Wahrnehmung auf die Schönheit der Natur richtest, öffnest Du den Engeln und Naturgeistern das Tor zu Deiner Seele. Die Naturgeister durchweben und durchwirken die Erscheinungen der Natur. Sie freuen sich sehr, wenn wir Menschen die Kommunikation mit ihnen suchen. Achte dabei einfach auf Deine Gefühle und inneren Bilder.

Im Folgenden kannst Du Dich auf die Kraft der Elementar-Engel einstimmen und ihren Energieprinzipien in Deinem Körper nachspüren:

## Elementar-Engel der Erde

Ich Bin der Elementar-Engel der Erde. Meine kraftvollen Ströme fließen über Deine Fuß-energiezentren in Dein ganzheitliches System und stärken Deine Standfestigkeit. Spüre, wie Lichtwurzeln aus Deinen Fußzentren tief in die Erde wachsen und Dich im Erdelement verankern. Über diese Verbindung strömt Dir all die Liebe von Mutter Erde zu, die Dich mit allem versorgt, was Du für Dein inne-res und äußeres Wachstum brauchst. Die Erdenergie erfüllt Dich mit tiefer Ruhe und Zeitlosigkeit. Spüre den Herzschlag von Mutter Erde, es ist der Rhythmus der Schöpfung, der Takt, in dem jegliche Entwicklung erklingt. Ich Bin der Elementar-Engel der Erde in Dir.

## Elementar-Engel des Wassers

Ich Bin der Elementar-Engel des Wassers. Sanft durchströmen Dich meine wogenden Wellen in Deiner Körpermitte und bringen alle Deine Gefühle in den Fluss. Betrachte den tiefen See Deiner Seele, er spiegelt Dir Dein Gefühlsleben wider. In Gefühlen der Freude beginnt er zu funkeln und zu glitzern. In Gefühlen der Traurigkeit fängt er jede Deiner Tränen auf. Hier liegt Dein Gefühlsreichtum, der von Dir angenommen werden möchte. Tauche ganz ein in Deinen inneren Seelensee und lasse Dich reinigen und durchströmen. Die Kraft des Wassers löst alle Begrenzungen in Dir auf. Wie ein Tropfen verschmilzt Du im Ozean der Einheit und erschließt Dir die Tiefen Deiner Seele. Lasse Dich von der Kraft des Wassers berühren, umspielen, aufnehmen, erfrischen und reinigen und genie-ße die Einheit all Deiner Gefühle. Ich Bin der Elementar-Engel des Wassers in Dir.

## Elementar-Engel der Luft

ICH BIN der Elementar-Engel der Luft.
Mit meinem Liebeshauch durchwehe ich
Deinen Brustbereich und weite Dein
Herzenergiezentrum. Atme einige Male tief
ein und aus und dehne Dich in meiner Energie weit aus. Du bist eingeladen, Dich mit den
Flügeln Deiner Seele in die Lüfte emporzuschwin-
gen und Dich aus allen Begrenzungen Deines Verstandes zu befreien.
Genieße die Freiheit und Weite, den Ausblick auf die Landschaft Deiner
Seele. Aus dieser Perspektive erahnst Du die wahre Größe Deines Seins
und dehnst Dich immer weiter in Deiner göttlichen Strahlkraft aus. Empfange den Wind, der alten Ballast sanft davonweht und Deinen Geist mit
frischer Luft belebt. Lass alle Gedanken und Überzeugungen wie Wolken
davonziehen und dehne Dich noch weiter aus in den Raum, der Dir neue
Möglichkeiten eröffnet. Die Leichtigkeit ist mein Element und beflügelt
Dein Wesen zu neuen Ausdrucksformen und Taten. ICH BIN der Elementar-Engel der Luft in Dir.

## Elementar-Engel des Feuers

ICH BIN der Elementar-Engel des Feuers. Lichtvoll
und wärmend lodert die Flamme der Bewusstheit in
Deinem Innern und befeuert Deinen Geist mit zün-
denden Funken der Inspiration. Dein Seelenfeuer
spendet Licht und Wärme und lässt Deine Bewusst-
seinssamen wachsen und erblühen. Nutze die Her-
zensflamme der Transformation in Dir, die alle alten
Energien verzehrt. Dein Seelenfeuer ist Deine Wil-
lenskraft, der Antriebsmotor für neue Taten. Spüre die
Kraft des Feuers als Entschlossenheit und entflamme
Deine Begeisterung. Mit dem Licht, welches Du in
Dir entfachst, bist Du eine leuchtende Fackel, die den
Weg auch für viele andere Menschen zu erhellen vermag.
ICH BIN der Elementar-Engel des Feuers in Dir.

# Das Mitschöpfertum und das ICH BIN

Wir Menschen, als geistige Wesen in einem physischen Körper, befinden uns in den Meisterjahren der Seele, in denen wir uns unseres göttlichen ICH BIN und der eigenen Schöpferkraft voll und ganz bewusst werden. Auf der Reise durch die Inkarnationen haben wir uns tief in die Materie hineinbegeben und unseren göttlichen Ursprung immer mehr vergessen. Nun ist die Zeit gekommen, uns zu erinnern an die große Schöpferkraft, die seit Anbeginn der Zeiten in uns ruht und immer wirksam war. Erinnern meint, uns der Kraft unserer Gedanken bewusst zu sein, mit denen wir unsere gesamte Lebensrealität selbst erschaffen. Gedanken und Worte sind Energien, die wir aussenden und die sich entsprechend ihrer Schwingungsqualität manifestieren. In diesem Wissen sollten wir sehr achtsam mit unseren Gedanken umgehen. Sie wirken sich unmittelbar auf unsere Gefühle aus und ziehen die entsprechende Realität im Außen an. Nimm das Geschenk Deiner Mitschöpferkraft freudig an, es ist die Kraft in Dir, Dein Leben positiv zu verändern.

Tauche dazu so oft wie möglich in Deine ICH BIN-Gegenwart ein. Dein ICH BIN ist der hellstrahlende Kern Deiner Seele, die Schwingung der Einheit und Licht und Liebe. Aus diesem hohen Bewusstsein sendest Du reinste Gedanken- und Gefühlsenergien aus, die Dein Leben wunderbar bereichern. Versuche einmal, als eine schöne Übung der Mitmenschlichkeit, dieses göttliche Bewusstsein in jedem Menschen, dem Du begegnest, zu sehen und zu ehren. Damit stärkst Du gleichzeitig das Licht in ihm.

Die Kraft Deines Geistes in Form von Gedanken und inneren Bildern, gepaart mit der Liebesschwingung Deines ICH BIN ist ein mächtiges Instrument der Mitschöpferkraft. Sensibilisiere Dich dafür, negative Gedanken und Selbstüberzeugungen durch die Affirmation „ICH BIN Licht und Liebe" zu ersetzen. Nutze Deine Vorstellungskraft zur Realisierung Deiner Wünsche. Male Dir Deinen Wunsch in allen Farben und Facetten aus und tauche ganz in das Erleben dieses vorgestellten Bildes ein. Versuche, die Gefühle, die Farben oder sogar die Düfte wahrzunehmen. Erlebe diesen Wunsch in Deiner Vorstellung so real wie nur möglich. Damit erschaffst Du eine geistige Realität, ein morphogenetisches Feld, welches sich nach geistigen Gesetzmäßigkeiten auch in Deinem Leben manifestieren wird.

Die Gedankenenergie „ICH BIN der Schöpfer meiner Lebensrealität" ruft Dir Deine Kraft, aber auch Deine Verantwortung für alles, was sich in Deinem Leben gestaltet, ins Bewusstsein. Bedenke, dass das grundlegende Prinzip der Mitschöpferkraft die Liebe ist. So halte nicht an Deinem persönlichen Wollen und Deinen Vorstellungen fest, sondern weite Dein Bewusstsein in Dein göttliches ICH BIN aus. Verbinde Dich mit den Engeln und Lichtwesen und der Kraft der Farbstrahlen, um Dein Aurafeld zu klären und auszurichten. So kann sich Dein wahres, lichtvolles Wesen zum Wohle alles Seienden immer stärker ausdrücken.

All das, was geistig unterstützt wird, kann jedoch nur durch unser menschliches Handeln sichtbar gemacht und umgesetzt werden. Das Mitschöpfertum ist somit auch das freudige Mitgestalten an unserer Welt, wodurch wir als Menschen dem Evolutionsprozess dienen.

Das folgende Modell veranschaulicht, wie sich die Mitschöpferkraft durch unsere Gedanken vollzieht und wir Menschen unsere Realität gestalten:

Alles, was wir geistig freisetzen, ist bestrebt, in der irdischen Realität sichtbar zu werden. Der Geist ist die ordnende Kraft der Energien und drückt die Absicht aus, nach der sich die Elemente, Licht- und Farbschwingungen zu Materie verdichten. Je bewusster sich ein Mensch seiner göttlichen ICH BIN-Gegenwart ist, desto licht- und liebevoller sind seine Manifestationen.

Am Anfang steht der Gedanke, geboren aus dem Feuerelement unseres Geistes. Dieser ausgesandte geistige Funke schwingt sich als Energieform in die geistigen Gefilde, die seiner Schwingungsfrequenz entsprechen. Dort verbindet sich die Energieform, auch Elemental genannt, aufgrund der Resonanz mit ähnlichen Schwingungsformen und wird dadurch verstärkt.

Da Geist und Materie sich durchdringen, wird dieser Funke wie ein goldener Same in die Erde gepflanzt, um Materie zu werden. Als geistige Wesen in einem physischen Körper sind wir selbst ein Sinnbild für die Verbindung von Geist und Materie. Wir wandeln auf Mutter Erde und entwickeln uns dadurch, die geistigen Samen in der Realität unseres Lebens sichtbar werden zu lassen. Das Erdelement, als geistige und irdische Ressourcen, umschließt und nährt den Samen, der alle Informationen in sich trägt, was aus ihm erwachsen soll.

Der Same braucht Wasser, damit er aufgehen, wurzeln und wachsen kann. Mit dem Wasserelement steht unsere Körpermitte in Verbindung. Ein Stoffwechselprozess wird in Gang gesetzt, der Nährstoffe zum Wachstum liefert und Altes ausscheidet. Jeder Entwicklungsprozess braucht ganz organisch seine Zeit. Wir erleben, wie der geistige Same in uns zu einer prachtvollen Pflanze heranwächst, die durch unser Herzenslicht in unserem Herzen erblüht. In dieser Reifungs- und Wachstumsphase entsteht bereits die Struktur dessen, was durch uns verwirklicht werden möchte.

Nun sind wir in unserem Herzen angekommen und verströmen den Blütenduft der in uns gereiften Manifestation. Dies entspricht dem Luftelement, dem unser Brustbereich, das Kommunikationszentrum und die Arme und Hände zugeordnet sind. Die Zeit ist reif, die Idee in die Welt zu tragen: über unsere Kommunikation und auch durch unser konkretes Handeln.

An diesem bildlichen Ablauf wird deutlich, wie jede Entwicklung, die wir initiieren, ihrem eigenen Rhythmus folgt, dem es nachzuspüren gilt. Wir können die Gesetze der Natur nicht beschleunigen, aber im Wissen darum viel effektiver mit ihnen arbeiten. Mit unserem Bewusstseinsfunken setzen wir die zündende Idee, das ist der kreative Moment. In dem Wachstums- und Entstehungsprozess ist dann unsere Hingabe gefragt, uns mit all unserem Wissen und Können einzubringen, um eine gute Ernte zu erzielen.

Gehe spielerisch und mit Dankbarkeit und Liebe im Herzen an diese Manifestationskraft heran. Bitte auch die Engel, Deine Projekte in Liebe zu begleiten. Erfreue Dich an den kleinen Schritten, die Dein Leben verändern werden. So wirst Du Dir Deines göttlichen Selbst und Deiner Kraft immer mehr bewusst. Die Dankbarkeit für das Wunder der Schöpfung öffnet Deine Herzenstüren und erfüllt Dich mit der Essenz des Lebens: der Liebe.

# Der Kontakt zu Deinem Engel

Jedem Menschen ist es möglich, den Kontakt zu seinem Engel aufzunehmen. Alles, was dazu notwendig ist, ist Zeit und Geduld sowie ein offenes und liebendes Herz. Den meisten Menschen teilt sich ihr Engel über ihr Herz mit, das heißt, sie *fühlen* die Antworten. Darüber hinaus können wir uns über die Meditation einstimmen, um Bilder, Farben oder auch Worte zu empfangen. Hier gilt es, mit der Zeit seinen persönlichen Zugang und „Empfangskanal" herauszufinden. Nimm Dir viel Zeit und Ruhe für Deine Entwicklung, es gibt nichts zu forcieren. Die Engel begleiten Dich zu jeder Sekunde Deines Lebens und Du darfst darauf vertrauen, die Impulse zum rechten Zeitpunkt zu empfangen.

Im Folgenden mache ich einige Vorschläge, wie Du mit den Engeln in Kontakt treten kannst, um Deine persönliche Verbindung zu stärken:

Ziehe jeden Tag eine Engelsbotschaft, am Morgen für den Tag und/oder am Abend für die Nacht. Darüber richtest Du Dein Bewusstsein immer wieder auf die Engel aus, so dass sie sich verstärkt energetisch mit Dir verbinden können. Wenn Du das Kartenset „Aus unserer Quelle für Dich" hast, kannst Du ganz einfach daraus ein Kärtchen ziehen. Die ausführliche Botschaft zu Deinem Tagesengel findest Du in diesem Buch, verbunden mit einem Übungsvorschlag. Oder Du suchst Dir im Inhaltsverzeichnis den Begriff heraus, der Dich im Moment am meisten anspricht. Es ist auch möglich, eine Seite intuitiv aufzuschlagen.

Wenn Du den Kontakt zu Deinem Engel, der auf diese Weise spielerisch zu Dir gefunden hat, vertiefen möchtest, kannst Du eine Meditation machen. Betrachte aufmerksam die Farbqualität, die der Engel trägt. Sie weist auf das Chakra hin, mit dem Du intensiv arbeiten kannst. Atme dazu in der Meditation die Farbschwingung ein und durch das entsprechende Chakra wieder aus. Du kannst Deinen Atem auch mit der Wortenergie des Engels, z. B. „Ich Bin Dankbarkeit", „Ich Bin Heilung" usw. aufladen. Dein Atem ist der kosmische Strom, der Dich mit den universellen Energien verbindet.

Ein wunderbares Hilfsmittel sind auch Kristalle. Suche Dir einen persönlichen, möglichst ungeschliffenen Seelenstein aus, z. B. einen Bergkristall, mit dem nur Du arbeitest. Halte ihn in der Meditation in der Hand oder lege ihn auf Deinen Körper. Kristalle tragen uralte Weisheit in sich und sind vom Geist beseelt. Sie wirken wie ein Transformator in der Meditation und regen unser geistiges Wachstum an. Eine wunderschöne Form der Meditation besteht darin, Deinen Kristall genau zu betrachten. Vertiefe

Dich in das Innere Deines Kristalls und schaue Dir seine Strukturen so genau wie möglich an. Manche Steine sind ganz klar, andere tragen wunderschöne Stufen, Wolken oder Wachstumsphantome in sich. Über die Betrachtung trittst Du in Verbindung mit der Schwingung des Kristalls, die Dir heilsam zuströmt, und empfängst die tiefe Erdenweisheit, die die Kristalle in sich tragen.

Wenn Du beginnst, bewusst mit den Engeln zu kommunizieren, wird sich auch Dein Traumleben verändern. Über die Träume können wir in wunderbarer Weise die Botschaften der Engel empfangen, da des Nachts unser Astralkörper, losgelöst vom Verstand, auf Reisen in seine heimatlichen Gefilde geht. Über die Traumebene besteht ein reger Austausch mit unseren Geistgeschwistern und Engeln, die uns schulen und dabei behilflich sind, Lernschritte zu verarbeiten oder vorzubereiten. Am Morgen erinnern wir meistens nur einen Bruchteil unserer Träume. Das liegt häufig daran, dass wir sie negativ bewerten und sagen: „Was habe ich da schon wieder für einen Unsinn geträumt." Damit verschließen wir die Türen zu unserer Seele, die sich uns gerade über die Träume mitteilen möchte.

Um bewussteren Zugang zu Deinen Träumen zu erhalten, lerne die Sprache Deiner Seele, in Form Deiner Traumbilder, zu entschlüsseln. Lege Dir ein Traumtagebuch an, in dem Du alle Deine Träume aufschreibst und wenn Du magst auch segnest. Darüber trittst Du in einen Klärungsprozess ein und wirst feststellen, Dich immer besser erinnern zu können. Vielleicht entdeckst Du auch wiederkehrende Symbole, die die Sprache Deiner Seele sind.

Wir können die Traumebene nutzen, um unbeeinflusst vom Verstand eine Botschaft zu empfangen. Stimme Dich kurz vor dem Einschlafen auf Deinen Schutzengel ein und formuliere eine Frage, die Deiner Klärung bedarf. Schreibe die Frage in Dein Traumtagebuch und gib sie dadurch bewusst an Deinen Schutzengel ab. Über diese innere Ausrichtung können die Engel noch gezielter mit Dir arbeiten. Achte in den nächsten Tagen besonders auf Deine nächtlichen Träume und auch auf Deine „Geistesblitze" am Tag. Auf diesen Wegen kann und wird Dich die Antwort erreichen.

Nicht zuletzt ist die Musik ein wunderbares Medium, um Engel in unser Leben einzuladen. Alles im Universum ist Schwingung in Form von Farben und Klängen (wie die Begriffe 'Klangfarbe – Farbklang' zum Ausdruck bringen). Jeder Mensch hat einen Seelenton, auf dem er schwingt. Musik berührt uns emotional, wirkt herzöffnend und lädt über ihre Harmonien auch die Engel in unser Leben ein.

All dies sind Anregungen, den Kontakt zu den Engeln aufzunehmen. Übe so regelmäßig wie möglich und bleibe geduldig, wenn Du anfänglich auch nur wenig bewusst wahrnimmst. Die Schwingungen der Engel sind sehr fein und leise und wir müssen lernen, unser Innenleben und den oftmals regen Verstand zu beruhigen. Doch mit jeder Hinwendung und Meditation erklimmst Du eine Stufe der Leiter, die Dich in Deine Transparenz hineinträgt. Dein Engel erwartet Dich voller Liebe und freut sich, dass Du ihn wahrnimmst. Es ist wie mit jeder guten Freundschaft, die sich durch unser Bemühen, unsere Herzensoffenheit und unser Interesse intensiviert und auch gepflegt werden möchte.

Aus meinem Herzen danke ich Dir für Dein liebendes Herz und Deinen tiefen Wunsch, Dich selbst mit Hilfe der Engel in Deiner Ganzheit und Größe zu erkennen. Damit tust Du einen lichtvollen Dienst auf Erden und trägst zur Heilung und Entwicklung des großen Ganzen bei.

Ich wünsche Dir viel Freude, göttliche Führung und tiefe Berührung durch die Engelspräsenz in Deinem Leben, so dass Du mit Deinem Herzenslicht Orientierung für viele Mitmenschen auf dem Weg in die Einheit bist.

*Engel antworten Dir*
*aus der Quelle der Liebe*

# Die Engelsantwort auf Deine Frage

# Engel der Achtsamkeit

## Botschaft

ICH BIN der Engel der Achtsamkeit. Meine Schwingungen berühren Dein Wesen und erwecken Deine Aufmerksamkeit. Liebevoll lehre ich Dich, achtsam auf Deine Gedanken und Deine Gefühle zu sein, denn damit erschaffst Du Deine Lebensrealität. Nutze die Kraft Deiner Gedanken, um alles Gute in Dein Leben zu ziehen. ICH BIN die Kraft der Bewusstheit, die Befreiung schafft. ICH BIN der Engel der Achtsamkeit in Dir.

## Lehre

Die Gedanken sind ein wesentliches Instrument unserer Mitschöpferkraft. Sie sind Energieformen, die wir genauso aussenden wie gesprochene Worte. Je nach Lichtessenz schwingen sich diese Energiegebilde in Ebenen empor, in denen sie sich in Resonanz mit anderen Energien verbinden und die jeweiligen Wirkungen in unser Leben ziehen. Wir sollten unser Bewusstsein des Öfteren am Tag nach innen lenken und aufmerksam beobachten, welche Gedanken und Überzeugungen wir hegen. Dabei werden wir feststellen, wie die Gedanken sich unmittelbar auf unsere Gefühle auswirken und wir selbst unsere Stimmung kreieren. In der Übung dieser Selbstbeobachtung liegt der Schlüssel zur persönlichen Befreiung, denn es liegt an unserer inneren Einstellung, wie wir den Umständen im Außen begegnen. Mit einer positiven Lebenseinstellung wird das Leben leichter und es kann uns viel mehr gelingen.

## Übung

Wir tragen viele einschränkende Glaubenssätze und Selbstüberzeugungen in uns, die unser Potential begrenzen. Beobachte heute achtsam Deine Gedanken. Denke oder spreche die Lichtschwingung „ICH BIN Licht und Liebe", die ein hohes Schwingungspotential in Dir freisetzt. Die ICH BIN-Gegenwart ist das Zentrum Deiner Schöpferkraft und Du wirst erleben, wie Dich lichtvolle Gedanken wie Balsam versorgen, Dich positiv stimmen und wunderbare Erfahrungen in Dein Leben ziehen.

41

# Engel der Anmut

## Botschaft

Ich Bin der Engel der Anmut. Meine korallenroten Energien erfassen Dich und beschwingen Dich in Deinem Energiekleid. Ich Bin die Kraft der Selbstliebe, die die Anmut Deiner Seele erweckt und Deine Schönheit erstrahlen lässt. Tauche ein in Dein göttliches Ich Bin und bringe Deine einzigartige Persönlichkeit zum Ausdruck. Du bist der Funke, der das göttliche Licht reflektiert und die Schöpfung mit seiner Einzigartigkeit bereichert. Ich Bin der Engel der Anmut in Dir.

## Lehre

Anmut ist die natürliche Schönheit jedes Wesens, die von innen erstrahlt. Oft plagen wir uns mit Selbstzweifeln und sind unzufrieden mit unserem Körper. Selbstliebe ist das sanfte, korallenrote Liebeslicht, das uns umspielt und uns in unserem göttlichen Ich Bin zentriert. Das Ich Bin ist das Juwel unserer Seele, welches das göttliche Liebeslicht in unendlich vielen Facetten funkeln lässt. So lasse die Schleier der Selbstzweifel aus Deiner Aura davonwehen und beschenke das Leben mit der funkelnden Vielfalt Deiner Persönlichkeit. So wie kein Schneekristall dem anderen gleicht, so unendlich sind der Zauber und die Vielfalt der göttlichen Schöpfung. Nimm das Geschenk Deiner Einzigartigkeit dankbar an. Dein Körper, das Lichtkleid Deiner Seele, ist ein wunderbarer Ausdruck Deines Wesens in der Materie. Wenn wir uns selbst in Liebe annehmen, wachsen unsere Lebensfreude und unsere Wertschätzung dem Leben gegenüber. Inspiriere das Leben mit der Anmut Deiner Seele.

## Übung

Heute öffne ich meine Augen für die Schönheit des Lebens. Ich nehme auch mich selbst in Liebe an. Stelle Dich vor den Spiegel und lächele Dir liebevoll zu. Dann sprich laut aus, was Dir an Dir selbst, an Deinem Körper und an Deinem Wesen gefällt. Betrachte Dich mit den Augen der Liebe und spüre, wie Deine Seele dabei aufblüht.

# Engel der Ausgeglichenheit

### Botschaft

Ich Bin der Engel der Ausgeglichenheit. Mit den rosarotfarbenen Energien meines Seins umfange ich Dich ganzheitlich und hülle Dich in meine Liebe ein. Ich Bin die Kraft Deiner Seelenmitte. Sanft harmonisiere ich alle Deine Energieströme und vereine sie in Deinem Seelenkern, in Deinem göttlichen Ich Bin. Tauche ein in die Balance Deines Seelenlebens und verankere Dich in Deinem hellstrahlenden, göttlichen Sein. Hier findest Du Einheit. Ich Bin der Engel der Ausgeglichenheit in Dir.

### Lehre

Ausgeglichenheit ist die Seelenkraft, die aus dem rechten Maß erwächst. Finde Deine persönliche Balance in den Anforderungen des Lebens. Ausgeglichenheit ist nichts Statisches, vielmehr finden wir die Kraft der Mitte aus einer pendelnden Bewegung heraus. Erst müssen wir beide Pole erfahren, um die Kraft der Mitte zwischen ihnen bestimmen zu können. Die Kunst der Ausgeglichenheit liegt darin, das Pendel immer näher um diese Mitte kreisen zu lassen. So vereinen wir nach und nach die Extreme in uns und finden unser persönliches Maß. Je öfter wir uns in dieser kraftvollen Zentrierung verankern, umso mehr stärken wir unsere Seelenkraft, so dass wir uns von inneren oder äußeren Turbulenzen nicht so schnell aus der Ruhe bringen lassen. Verankert in Deiner Mitte, Deinem göttlichen Ich Bin, gestaltet sich Dein Leben mühelos und leicht.

### Übung

Schließe die Augen und atme einige Male tief ein und aus. Lass vor Deinem geistigen Auge das Bild eines goldenen Pendels entstehen. Beobachte, wie es gleichmäßig schwingt. Nutze diese sanfte und ausgleichende Kraft in Dir, um alle Anspannungen, Emotionen und Gedanken ganz einfach aus Deinem Aurafeld ausschwingen zu lassen. Immer langsamer und ruhiger wird die Bewegung des Pendels, bis Du eingeschwungen und eins geworden bist mit Deiner Seelenmitte. Genieße die Einheit, Ruhe und Ausgeglichenheit in Dir. Kehre nun langsam wieder in Dein Tagesbewusstsein zurück, um Dich harmonisiert Deinen Aufgaben zuzuwenden.

## Engel der Ausrichtung

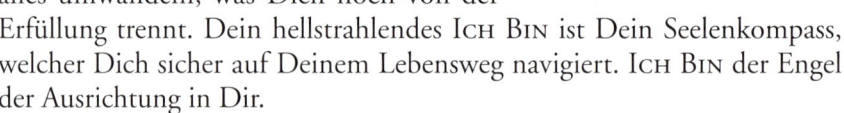

### Botschaft

Ich Bin der Engel der Ausrichtung. Mit meinen violettfarbenen Energien umfange ich Dich. Ich Bin die Kraft, die Dich mit Deinem Seelenstern verbindet. Empfange meine zielgerichteten Energien und rufe Dir Deine Vision klar in Dein Bewusstsein. Mit Hilfe des violettfarbenen Strahls kannst Du alles umwandeln, was Dich noch von der Erfüllung trennt. Dein hellstrahlendes Ich Bin ist Dein Seelenkompass, welcher Dich sicher auf Deinem Lebensweg navigiert. Ich Bin der Engel der Ausrichtung in Dir.

### Lehre

Mit einer klaren inneren Ausrichtung gehen wir zielgerichtet durch das Leben. Fokussiere Dich immer wieder auf Deine Vision. Je klarer Du sie Dir vor Augen hältst, umso deutlicher wird auch der Weg erkennbar, auf dem Du sie erreichen kannst. Dein Seelenstern ist Dein Höheres Selbst, welches alles Wissen über Deinen Lebensplan enthält. So verbinde Dich immer wieder mit Deinem Höheren Selbst und lasse es wie ein Leitstern über Dir erstrahlen. Auf Deinem Lebenskurs steuerst Du sicher Deiner Bestimmung entgegen. Der Weg wird zum Ziel und schenkt Dir tiefe Erfüllung und Glückseligkeit. Mag es auch stürmische Zeiten in Deinem Leben geben, in denen die Wellen hoch an Dein Seelenschiff schlagen, so wisse, dass Du den sicheren Hafen in Dir trägst, verankert in Deiner göttlichen Ich Bin-Gegenwart. Richte Dein Bewusstsein immer wieder auf Deine Vision aus, so wirst Du alle Abenteuer Deines Lebens meistern.

### Übung

Tauche mit einigen tiefen Atemzügen in Dein Herz ein und öffne es ganz weit. Fokussiere Dich auf Dein Ziel oder eine Vision für Dein Leben und rufe Dir das Bild Deiner Vision klar vor Dein geistiges Auge. Verbinde Dich mit Deinem Seelenstern und vertraue darauf, dass Du alle Impulse aus Deinem Höheren Selbst erhältst, die Dich diesem Ziel zuführen. Spüre, wie Dir die klare, innere Ausrichtung Kraft verleiht. Aus Deiner Schöpferkraft heraus meisterst Du Dein Leben.

# Engel der Dankbarkeit

## Botschaft

Ich Bin der Engel der Dankbarkeit. Meine Schwingungen berühren die tiefe Weisheit in Deinem Herzen, dass das Leben es gut mit Dir meint und alle Ereignisse zu Deinem Besten geschehen. Ich Bin eine heilende und transformierende Schwingung, denn Dankbarkeit ist ein Aspekt Deines Herzens. Es ist die Fähigkeit, Dich dem Leben hinzugeben und zu empfangen. Meine Schwingungen der Dankbarkeit öffnen Dich tief in Deiner Annahmefähigkeit und so kann das Leben Dich noch mehr beschenken. Spürst Du die wunderbare Fülle des Göttlichen in Deinem Herzen? Ich Bin der Engel der Dankbarkeit in Dir.

## Lehre

Dankbarkeit ist eine Kraft des Herzens und in ihrer Schwingung sind wir tief berührt. Sie heilt uns, da wir mit Dankbarkeit im Herzen auf all das Schöne in unserem Leben blicken können, was uns beschenkt, bereichert und glücklich macht. Häufig sind wir mehr mit dem beschäftigt, was uns scheinbar noch fehlt zu unserem Glück. Hiermit verstellen wir uns selbst den Blick für die Fülle in unserem Leben. Der Engel der Dankbarkeit ruft uns in Erinnerung, was uns wirklich reich macht: Das Gefühl, eine wahre Freundin / einen wahren Freund zu haben, Gesundheit zu erleben, eine von Herzen kommende Umarmung zu genießen und viele kleine beglückende und erfüllende Momente mehr.

In der Kraft der Dankbarkeit nehme ich mein Leben bejahend an und sehe die Ereignisse in einem größeren Zusammenhang. Ich öffne mich und so kann mich das Universum noch reicher beschenken. Welch wunderbare Fülle, die mich wiederum mit Dankbarkeit erfüllt!

## Übung

Heute spüre ich den Ereignissen und Umständen nach, für die ich von Herzen dankbar bin. Ich fühle, wie diese wärmende Herzensenergie mein Wesen erfüllt und mir tiefen Frieden mit mir selbst und dem Leben schenkt. So bringe ich Geben und Nehmen in einen wunderbaren Ausgleich. Als Zeichen meiner Dankbarkeit sende ich meine Herzensenergie einem lieben Menschen, der mir jetzt in den Sinn kommt.

## Engel der Einheit

### Botschaft

Ich Bin der Engel der Einheit. Mit kristallweißen und goldfarbenen Energien umfange ich Dein Wesen. Auf meinem Energiestrahl führe ich Dich in Dein göttliches Ich Bin, in das Zentrum der Einheit in Dir. Spüre, wie sich in meinem Licht alle Gegensätze auflösen und Du ganzheitlich eintauchst in Dein ewiges Sein. Ich Bin die Kraft der Verschmelzung all Deiner Seelenaspekte. Ich Bin der Engel der Einheit in Dir.

### Lehre

Einheit ist der Zustand, nach dem unsere Seele strebt. Aus der göttlichen Einheit kommend, haben wir uns vor langen Zeiten für einen Entwicklungsweg durch die irdischen Inkarnationen entschieden. Eine irdische Inkarnation lässt uns die Polaritäten erfahren: männlich – weiblich, hell – dunkel, bewusst – unbewusst, um nur einige zu nennen. Die Polarität bietet ein reizvolles Spannungsfeld, in dem sich die Seele in all ihren Aspekten und Schattierungen erfahren kann. Ihr Ziel ist es, in den Urzustand der Einheit zurückzukehren. Unser göttliches Ich Bin ist der Seelenkern, welcher die Einheit in uns repräsentiert. Denn nichts existiert getrennt voneinander, alles ist eingebettet in göttliche Liebe. Wenn wir tief in uns verstehen, dass Geist und Materie sich durchdringen, verbinden wir Himmel und Erde durch das Licht unserer Bewusstheit. Auf dem Weg in die Einheit integrieren wir all unsere Seelenaspekte und führen sie in unsere Ganzheit. Das Liebeslicht Deines Ich Bin öffnet Deine Bewusstseinskammern und aktiviert Deine bislang verborgenen Seelenanteile. So erhöht sich Dein Lichtpotential von Tag zu Tag. Du bist ein Lichtbote auf Erden.

### Übung

Heute durchstrahle ich mein Tagesbewusstsein mit dem Licht der Einheit. Dazu denke oder spreche ich die Affirmation „Ich Bin ein geistiges Wesen in einem physischen Körper, Ich Bin Einheit". So lenke ich das Licht der Bewusstheit in die Materie und schaffe Einheit in mir.

# Engel der Entscheidung

## Botschaft

ICH BIN der Engel der Entscheidung. Meine Energien umfangen Dich liebevoll und stärkend in Deinem menschlichen Sein. Ich erwecke das Bewusstein der Schöpferkraft in Dir und ermutige Dich, klare und eindeutige Seelenentscheidungen zu treffen. Spüre tief in Dich hinein und treffe die Wahl Deines Herzens. ICH BIN die Kraft, die Deiner Entscheidung folgt und Dich auf all Deinen Wegen unterstützt. ICH BIN der Engel der Entscheidung in Dir.

## Lehre

Unser Entwicklungsweg führt uns des Öfteren an Weggabelungen, an denen wir entscheiden müssen, in welche Richtung wir weitergehen wollen. Mache Dir bewusst, dass Du der Schöpfer Deiner Realität bist. Lasse Dich dabei von der Stimme Deines Herzens leiten. Klare Entscheidungen zu treffen heißt, vollkommen die Verantwortung für unser Leben zu übernehmen. Manchmal fühlen wir uns orientierungslos und unsicher, das eine für das andere aufgeben zu müssen. Doch meistens hält die Vielfalt der Wege mehrere Möglichkeiten bereit. Die größte Hürde ist die Unentschlossenheit selbst, da sie zu Stillstand führt. Nur im Voranschreiten wirst Du feststellen, ob dies der richtige Weg für Dich ist. Du wirst viele Erfahrungen dazugewinnen und hast zu jeder Sekunde Deines Lebens erneut die Chance der Wahl durch die Schöpferkraft Deines göttlichen ICH BIN. Auch ein vermeintlicher Umweg kann Dich durch wunderschöne Landschaften führen. Der freie Wille ist ein göttliches Geschenk an uns Menschen, so nutze ihn, treffe frohen Herzens Deine Wahl und zeichne Deine persönliche Lebenslinie in die Landkarte Deines Lebens.

## Übung

Überprüfe immer wieder die Motivation Deiner Entscheidungen. Tust Du etwas, weil es von Dir erwartet wird, oder folgst Du der Stimme Deines Herzens? Wenn wir uns ständig anpassen, verneinen wir unser eigenes, göttliches Selbst. Heute entscheide ich mich, zu mir selbst zu stehen, und tue Dinge, die mir Spaß machen und mir Freude schenken. Spüre und genieße die Erfüllung, die daraus erwächst.

# Engel der Erdung

## Botschaft

Ich Bin der Engel der Erdung. Meine kraftvollen Energien strömen über Deine Fußenergiezentren in Dich ein und stärken Deine Standfestigkeit. Wunderbar erdige, zentrierende Energien erfüllen Dein ganzes Wesen und Du spürst Deine tiefe Verwurzelung mit Mutter Erde. Ich Bin die Kraft, die Dich trägt, nährt und versorgt. Ich Bin der Uraspekt Deiner wahren Natur, in meiner Energie tauchst Du ein in die tiefe Ruhe und Zeitlosigkeit Deines hellstrahlenden, göttlichen Ich Bin. Genieße die ganzheitliche Harmonisierung durch meine Energien. Ich Bin der Engel der Erdung in Dir.

## Lehre

Die Erdung ist ein wichtiger Aspekt in unserer spirituellen Entwicklung. Erst wenn wir tief und fest wurzeln, können wir unser Haupt in den Himmel strecken und wie ein Baum eine starke Krone ausbilden. Mit unserem physischen Körper, der aus den Kräften der Elemente gebildet wird, sind wir ganzheitlich eingebunden in den Rhythmus der Natur. Die Nahrung, die Mutter Erde uns schenkt, ist verdichtete Lichtenergie, die unseren Körper stärkt, aufbaut und versorgt. Die Natur zu achten heißt, die Schöpfung und damit auch das Leben zu ehren. Stimme Dich ein auf Deinen inneren Kosmos und finde Deinen natürlichen Lebensrhythmus: Wachen und Schlafen, Aktivität und Entspannung, Nähren und Verdauen. Nur Du kannst erspüren, was gut für Dich ist. Vertraue Deiner inneren Weisheit, die Dir klar und deutlich signalisiert, was Dein Körper braucht. Gönne ihm Bewegung und frische Luft in der Natur, hier findet auch Deine Seele Ausgleich und Stärkung. Lass Dich von der Schönheit der Natur verzaubern und erkenne darin die Vollkommenheit Deines eigenen, göttlichen Wesens.

## Übung

Heute suche ich einen Platz in der Natur auf und verbinde mich mit Mutter Erde. Ich atme die Schönheit der Umgebung ein und lasse mich anfüllen vom Licht, den Farben und den stärkenden Kräften der Naturgeister, die mich hier umgeben. Aus meinem Herzen strömt Mutter Erde meine tiefste Dankbarkeit für ihre liebevolle Fürsorge zu.

# Engel des Erfolgs

## Botschaft

Ich Bin der Engel des Erfolgs. Meine goldenen Schwingungen erfassen Dein Sein und erwecken Deine göttlichen Gaben. Ich Bin die Kraft Deiner Herzensmotivation, die Dein Handeln befruchtet, Deine Herzensprojekte wachsen lässt und goldene Früchte trägt. Tauche ein in Deine Bestimmung und segne das Leben mit dem Ausdruck Deines hellstrahlenden, göttlichen Ich Bin. Ich Bin der Engel des Erfolgs in Dir.

## Lehre

Erfolg ist eine Schwingung, die aus Deinem Inneren freigesetzt wird. Sie ist die Resonanz zu allem, was Deiner wahren Herzensmotivation entspringt. Strebe immer danach, Deine Lebensaufgabe wahrzunehmen, indem Du Deine Begabungen lebst. So verwirklicht sich Deine Essenz, Dein göttliches Ich Bin, in der Realität Deines Lebens. Wenn Du Dich zum Wohle alles Seienden einbringst und verströmst, stellt sich Erfolg als natürliche Schwingungsresonanz in Deinem Leben ein. Erfreue Dich an ihm, es ist der Jubel der Engel, die Deine Schritte und Entwicklung feiern. Doch halte den Erfolg nicht fest, denn alles in Deinem Leben möchte fließen. Lasse Dich von der Freude in eine neue Herausforderung hineintragen, denn das ist das Wesen der Entwicklung, nach der Deine Seele hier strebt. Wenn Du mutigen Herzens neue Entwicklungsschritte wagst und die Facetten Deiner Persönlichkeit erstrahlen lässt, wird sich der Erfolg wie ein treuer Begleiter immer wieder in Dein Leben gesellen.

## Übung

Bereichere Deinen Lebensweg mit erreichbaren Zielen und Erfolgen. Setze Dir kleine Etappen, die Du Dir wie Stockwerke eines Hauses einrichtest. Sie laden Dich ein anzukommen, die Früchte Deines bisherigen Tuns zu genießen und Dir Deine Entwicklung bewusst zu machen. Wer blind voranstürmt, übersieht die Schönheit der Blumen am Wegesrand. So komme immer wieder bei Dir selbst an und schöpfe Kraft aus der Quelle Deines göttlichen Ich Bin. Alles, was aus Deinem Ich Bin befruchtet wird, kann nur von Erfolg gekrönt sein.

# Engel der Freude

## Botschaft

ICH BIN der Engel der Freude. Meine sonnengelben Energien erfassen Dein Wesen und versetzen Deine Energiekörper in Vibration. ICH BIN die funkelnde Freude in Deinem Sonnengeflecht, die sich aus diesem kraftvollen Energierad in Dein Leben versprüht.

ICH BIN die Kraft, die Dein Herz frohlocken lässt. ICH BIN das Herzenslachen, welches Du Dir und Deinen Mitmenschen schenkst. Trage mich in Deinem Herzen und Du wirst beschwingt durchs Leben gehen. Wisse, dass Dich die Energie des Lachens in eine höhere Schwingung versetzt. Dein Herzenslachen ist eine wunderbare Kraft der Transformation, um alle beschwerenden Energien einfach von Dir abzuschütteln. ICH BIN der Engel der Freude in Dir.

## Lehre

Ein von Herzen kommendes Lachen ist das schönste Geschenk an das Leben. Der Engel der Freude erinnert uns daran, dass wir selbst die Sonne unseres Lebens sind und alle Ereignisse mit unserer freudigen und wärmenden Energie bescheinen können. Aus dieser Perspektive erscheint unser Leben in einem wunderbaren Licht und unsere Seele erblüht wie eine duftige Wiese voller Sommerblumen. Beschenke Dich selbst mit der Kraft eines sonnigen Gemüts und lade Dein Leben mit der wunderbar leichten und sprühenden Energie der Freude aus Deinem geöffneten Herzen auf. Und wenn wir wieder einmal allzu streng mit uns selber sind, dann lädt uns der Engel der Freude ein, uns ein Lächeln zu schenken und das Leben spielerisch und leicht zu nehmen.

## Übung

Heute umgebe ich mich mit der Farbschwingung Gelb: In meiner Kleidung, in meiner Visualisierung oder auch mit Zitrusdüften in der Duftlampe. Jeder Gedanke, der mir Freude macht, ist willkommen. Ich nehme mir ganz bewusst Zeit für die Dinge, die mir Spaß machen, und spüre, wie ich Kraft daraus schöpfe.

# Engel der Freundschaft

## Botschaft

Ich Bin der Engel der Freundschaft. Fühle, wie meine Energien Dich jederzeit umfangen und begleiten. Ich Bin die Kraft, die Dein Herzenergiezentrum weit öffnet, so dass Du die Verbundenheit zu allem Seienden in Dir spürst. Wisse, dass Dein liebendes Herz Dein bester Freund ist, und so bin ich bei Dir, um diese Verbindung zu vertiefen. Ich Bin der Engel der Freundschaft in Dir.

## Lehre

Ein echter Freund ist ein Geschenk des Himmels, ein Engel auf Erden an unserer Seite. Je weiter wir selbst unser Herz zu öffnen vermögen, umso tiefer sind die Seelenbeziehungen, die wir erleben dürfen. Wenn wir uns von Herz zu Herz begegnen, webt die Herzensliebe ein Netz aus Freundschaft, welches uns wie ein zartes Gewebe umfängt, verbindet und zu tragen vermag. Wahre Freundschaft beginnt bei Dir selbst, im Kontakt zu Deinem eigenen Herzen. So wie Du Dich selbst lieben und annehmen kannst, so kannst Du auch die Menschen in Deiner Umgebung annehmen und Dich an der Vielfalt und ihrem Ausdruck erfreuen. Freundschaft ist eine Qualität des Herzens, sich ohne Erwartungen und Bedingungen einem anderem Menschen zuwenden zu können. Sei ehrlich mit Dir selbst und ergründe Dein eigenes Wesen, um Deine Umwelt zu verstehen. Wenn Du bereit bist, tief auf Deinen Herzensgrund hinabzutauchen, findest Du die Perlen der Herzensliebe in Dir, die sich als Geschenk Deiner Freundschaft in die Herzen Deiner Mitmenschen legen. Das ist das Wesen der Liebe, die alles verbindet und vereint.

## Übung

Nimm heute Kontakt zu Deinem Herzen auf. Lege die Hand auf Dein Herz und sprich alle Gedanken aus, die Dir in den Sinn kommen. Wie ein liebender Freund lauscht Dein Herz allem, was Dich bewegt, es fühlt und teilt Schmerz und Freude mit Dir. Spüre diese heilsame Verbindung. Nun lausche Du Deinem Herzen: Lass es sprechen und lerne Deine eigene Herzenssprache immer besser verstehen. Deine innere Stimme ist Dein weisester und liebevollster Ratgeber.

# Engel des Friedens

### Botschaft

ICH BIN der Engel des Friedens. Ganzheitlich umfangen Dich meine blauen Farbschwingungen und hüllen Dich in tiefen Frieden ein. ICH BIN die Kraft, die Dir Schutz und Beruhigung schenkt. Atme die blaue Friedensenergie in jede Zelle Deines Körpers ein und genieße die Entspannung in Dir. Sanft umhülle ich auch Deinen Verstand mit meinem blauen Mantel. Lass alle Gedanken los und tauche ein in das ewige, friedvolle Jetzt. ICH BIN der Engel des Friedens in Dir.

### Lehre

Frieden ist die Grundlage der Schöpfung, auf der alles Leben in Freiheit und Vielfalt gedeihen kann. Frieden schafft tiefe Achtung vor der Einzigartigkeit jedes Lebewesens und gibt ihm den Raum, sich zu entwickeln. Wir Menschen haben das Geschenk des freien Willens erhalten, um uns im Spielfeld der eigenen Schöpfungen zu erfahren. Strebe immer danach, den göttlichen Willen durch die Tugenden in Dir zu stärken. Dort, wo der menschliche Wille in persönliches Machtstreben gelenkt wird, entstehen Kampf und Unterdrückung, die das Leben und die Freiheit verneinen. Frieden ist eine Kraft, die aufbauend wirkt. Sie entspringt dem Bewusstsein, dass alles Leben miteinander verbunden ist, genug für alle da ist und wir im friedlichen Miteinander Erfüllung finden. So schaffe Frieden zunächst in Deinem Herzen und löse alle inneren Konflikte im Liebeslicht Deines göttlichen ICH BIN auf. So wirst Du zum Friedensboten für alle Menschen, mit denen Du heute in Berührung kommst.

### Übung

Tauche ein in die Stille Deines Herzens und atme die Gedankenenergie „ICH BIN Frieden" einige Male tief ein und aus. Spüre, wie die blaue Farbenergie Dich umfängt und beruhigt. Verweile in dieser Stille, in der Dein Wesen in Harmonie zu schwingen beginnt. Nun öffne Dein Herzenergiezentrum und sende den blauen Friedensstrahl in Deine Umgebung oder auch zu einem Menschen, der Dir jetzt in den Sinn kommt. Der Frieden, den Du in Deinem Inneren schaffst, wirkt heilsam auf Deine Umgebung ein.

# Engel der Fülle

## Botschaft

ICH BIN der Engel der Fülle. Meine goldgelben
Energien durchdringen Dich ganzheitlich und
erfüllen Dich mit der Liebeskraft des Universums. ICH BIN der Urgrund der Schöpfung, mein Reichtum spiegelt sich in der
Vielfalt des Lebens wider. ICH BIN der goldene
Liebeskelch in Dir, der aus dem göttlichen Herzen
gespeist wird. Nimm Deine innere Fülle, Deine göttlichen Gaben, an und
bereichere die Welt mit Deinen Talenten. So wirst Du goldene Früchte im
göttlichen Garten des Lebens ernten. ICH BIN der Engel der Fülle in Dir.

## Lehre

Jeder Mensch trägt den unendlichen Reichtum seines Potentials und seiner Strahlkraft in sich, verankert in seinem göttlichen ICH BIN. Der Engel
der Fülle fragt Dich, ob Du Deine wahren Talente und Begabungen lebst.
Deine Seele hat diese Gaben mit in die Inkarnation gebracht, um sie zum
Erblühen zu bringen und die Welt damit zu bereichern. Es lohnt sich sehr,
diesen inneren Schatz aufzuspüren und Deine Begabungen mutigen Herzens in Deinem Leben umzusetzen. Darin findet Deine Seele die größte
Er-Füllung. Der innere Reichtum, den wir entfalten, wird sich in allen Be-
reichen unseres Lebens wiederfinden. Wie innen – so außen; vertraue auf
das Gesetz des Universums.

## Übung

Tauche in Dein Herz ein und atme einige Male ein und aus. Stelle Dir
in Deinem Inneren einen goldenen Kelch vor, der sich mit jedem Atemzug mit göttlichen Liebesenergien füllt. Lass Dich ganz anfüllen von alles
umfassender, göttlicher Liebe, die Dich in allen Aspekten Deines Lebens
versorgt. Nun ist Dein Kelch ganz angefüllt mit strahlend goldener Liebesenergie und beginnt überzufließen. Aus Deinem Herzen ergießt sich die
goldene Energie in die Welt. Jeden Gedanken des Mangels, der Dir heute
in den Sinn kommt, kannst Du in Deinen inneren Füllekelch führen und
dort auflösen.

## Engel der Fürsorge

### Botschaft

Ich Bin der Engel der Fürsorge. Meine rosarotfarbenen Energien umfangen Dein ganzheitliches Wesen und wiegen Dich in bedingungsloser Herzensliebe. Lege Dich in meine Arme und empfange all die Liebe, die ich Dir aus dem göttlichen Herzen zuströmen lasse. Ich spüre genau, welche Energien Du benötigst, und versorge Dich augenblicklich mit allem, was Deine Seele nährt und stärkt. Lasse los und empfange offenen Herzens meine Geschenke. Dein liebendes Herz hat viel gegeben und nun ist es an der Zeit, dass Du Dich von meiner Liebe versorgen lässt. Ich Bin der Engel der Fürsorge in Dir.

### Lehre

Unsere Seele wächst und reift im menschlichen Miteinander, welches geprägt ist von Geben und Nehmen. Es gibt Phasen, in denen wir aktiv sind und unsere Kraft in die Welt fließen lassen, in welchem Aufgabengebiet auch immer. Für ein größeres Ganzes mit unseren Energien wirken zu können, gibt uns das Gefühl der Sinnerfüllung. Es ist jedoch für unsere seelische Balance und Lebensharmonie wichtig, uns selbst dabei nicht außer Acht zu lassen. So sollte es Inseln der Ruhe und des Auftankens in unserem Leben geben, in denen wir uns selbst in den Mittelpunkt stellen, Kraft schöpfen und unserem physischen Freund Körper Erholung gönnen. Wir tragen die unerschöpfliche Liebesquelle, unser göttliches Ich Bin, in uns. Tauche immer wieder ein in Dein kraftvolles Zentrum, lasse Dich von den göttlichen Energien nähren und versorgen. Ganzheitlich angefüllt kann sich Deine Herzensenergie zum Segen alles Seienden in die Welt ergießen.

### Übung

Nimm Dir heute Zeit für Dich und Deinen Freund Körper. Gönne Dir ein erholsames Bad, eine Meditation oder auch Bewegung, je nachdem, was Dein Körper Dir signalisiert. Spüre in Dein Herz, was Dir jetzt in diesem Moment gut tut, und gib diesen Bedürfnissen Raum. Erlebe, wie Du ganz tief bei Dir selbst ankommst und Dich im Tempel Deiner Seele zu Hause fühlst.

# Engel der Geborgenheit

## Botschaft

ICH BIN der Engel der Geborgenheit. Meine tiefblauen Energien umfangen Dein Wesen und schenken Dir Schutz. Tiefer Frieden breitet sich in Dir aus und die Gewissheit, dass alles gut ist, so wie es jetzt ist. In meinem Schutzfeld darfst Du entspannen und genießen. ICH BIN bei Dir, so lange wie Deine Seele meiner Schwingung bedarf. Lass Dich tragen, lass Dich wiegen und lass ganz einfach los. Ruhe und Frieden erfüllen Dich. ICH BIN der Engel der Geborgenheit in Dir.

## Lehre

Die Schwingung der Geborgenheit ist essentiell und sehr heilsam für unsere Seele. Sie schenkt uns das Gefühl der tiefen, inneren Sicherheit und lässt uns ganzheitlich entspannen. Geborgenheit ist das Gefühl, so, wie wir sind, in tiefer Herzensliebe angenommen zu sein.

In Lebenssituationen, in denen wir uns allein und ungeborgen fühlen, neigen wir zum Rückzug. Rufe den Engel der Geborgenheit in Dein Herz und gehe hinaus in die Natur. Mutter Erde versorgt uns mit allem, was wir zum Leben benötigen. In unendlicher Liebe und Weisheit sorgt sie für ihre Kinder: die Pflanzen, die Tiere und die Menschen. Spüre, wie Du ganzheitlich eingebunden bist in diese Liebe. Das Gefühl der Verbundenheit mit allem Seienden schenkt Dir Sicherheit und Seelenkraft, unabhängig von allen äußeren Faktoren. Angefüllt vom Gefühl tiefer Geborgenheit gehen wir gestärkt an unsere Aufgaben und können aus dieser Quelle schöpfend unsere Herzensenergie frei fließen lassen.

## Übung

Suche Dir einen Platz in der Natur und verbinde Dich mit dem Herzschlag von Mutter Erde. Lege Dich in den Mutterschoß hinein und genieße, wie das Grün der Blätter und das Blau des Himmels Dein Herzenergiezentrum ganzheitlich versorgen. Schutz und Liebe umfangen Dich und schenken Dir das Gefühl, vom Leben selbst getragen zu sein. Alles ist gut.

# Engel der Geduld

## Botschaft

Ich Bin der Engel der Geduld. Mit meinen violetten Farbschwingungen berühre ich Dein Wesen und schenke Dir tiefe Seelenruhe. In meinen Energien kannst Du loslassen und entspannen. Ich stärke die Gewissheit in Dir, dass sich alles gemäß eines höheren göttlichen Planes zu Deinem Besten gestaltet. Rufe meine Schwingung der Geduld in Dein Herz und spüre, wie jede Entwicklung ihre Zeit braucht und es nichts zu forcieren gibt. Ich Bin der Engel der Geduld in Dir.

## Lehre

Die Kraft der Geduld ist eine sehr große Tugend. Sie erwächst aus der Gewissheit, die notwendigen Impulse gesetzt und die Schritte getan zu haben, um nun ganzheitlich loszulassen. Mit unserem persönlichen Wollen können wir nichts beschleunigen. Im Gegenteil, manchmal verschließen wir uns damit den Blick für neue Möglichkeiten, weil wir zu sehr auf unsere Erwartungen fixiert sind. So liegt in der Geduld das tiefe Wissen um die heilsame Kraft der Zeit. Jeder Entwicklung liegt eine eigene Gesetzmäßigkeit zugrunde. So, wie in der Natur in festen Rhythmen die Jahreszeiten aufeinander folgen und jede Pflanze ihre eigenen Wachstumsgesetze hat, folgt auch unsere Seele ihrem persönlichen Entwicklungsplan. Wer mit den Kräften der Natur arbeitet, wird eine gute Ernte einfahren. So lehrt Dich die Geduld, Dich auf den Rhythmus Deiner Seele einzuschwingen und Deine Kräfte bewusst und zum Wohle des Ganzen einzusetzen.

## Übung

Das Gefühl der Ungeduld schafft Unruhe in Deinem Inneren und treibt Dich ständig voran. So übe heute, ganz im Hier und Jetzt zu verweilen. Achte auf Deine Gedanken. Wenn sie in die Zukunft schweifen, hole sie zurück ins ewige Jetzt. Atme tief ein und aus und spüre Dich in der Gegenwart Deines vollkommenen Seins. „Ich Bin die/der Ich Bin" ist eine wunderbare Affirmation, Dich in Deiner Ganzheit und Göttlichkeit zu verankern.

# Engel der Gelassenheit

## Botschaft

ICH BIN der Engel der Gelassenheit. Meine blauen Energieströme
wirken entspannend auf Dich ein und
Du beginnst, ganzheitlich loszulassen.
ICH BIN die Kraft der inneren Ruhe und
Gelassenheit. Sanft hülle ich Deinen Freund Verstand und
Deine Vorstellungen ein. Spüre, wie sich Deine Gedankenkraft
weitet und Du neue Perspektiven gewinnst. Du fühlst die Gewissheit, von
einer wunderbaren Kraft geleitet und geführt zu sein, die es unendlich gut
mit Dir meint. ICH BIN der Engel der Gelassenheit in Dir.

## Lehre

Gelassenheit ist die Kraft in unserem Inneren, mit der wir dem Leben of-
fen und frei begegnen. Mit Gelassenheit im Herzen können wir zulassen,
dass sich die Dinge gemäß ihrer Bestimmung entfalten. Wenn wir uns ein
Ziel setzen oder uns etwas wünschen, dann möchten wir es oftmals schnell
erreichen und preschen unseren Vorstellungen nach, wie es sich zu erfüllen
habe. Stelle Dir einen Reiter vor, der sein Pferd ständig vorantreibt, es dabei
aber zu fest im Zaum hält. Er erschöpft sich und die Kraft des Pferdes.
Gelassenheit erwächst aus dem Gefühl des Vertrauens dem Leben gegenüber. So halte wie ein Reiter, der seine Bestimmung kennt, die Zügel des
Lebens locker in Deinen Händen. Als Schöpfer Deiner Realität lernst Du,
die Bahnen Deines Lebens sanft zu lenken und Deine Kraft bewusst einzusetzen. Arbeite mit dem Leben und nicht dagegen. Gelassenheit schenkt
Dir den Weitblick für neue, ungeahnte Möglichkeiten.

## Übung

Welche Lebenssituation bereitet Dir Sorge? Nimm Dir Zeit, dieser Frage
nachzuspüren. Unbewusste Anspannungen und Belastungen können viel
Lebensenergie binden. Spüre nach, welcher Teil Deines Körpers diese An-
spannung hält. Atme die Gedankenenergie „ICH BIN getragen von Ruhe
und Gelassenheit" in die Zellen dieser Körperregion und stelle Dir vor,
wie das Licht Deine Muskeln lockert. Lasse nun ein Bild der Entspannung
vor Deinem inneren Auge entstehen und tauche auch im Verlauf des Tages
immer wieder einmal in dieses geistige Bild ein.

# Engel der Heilung

## Botschaft

Ich Bin der Engel der Heilung. Meine moosgrünen Schwingungen harmonisieren Deine Energieströme. Ich Bin die heilende Kraft, die Deine Seele in ein sanftes Wiegen und Schwingen versetzt, so dass sich Energieblockaden lösen können. Ich Bin die Seelenharmonie, der Wohlklang Deiner inneren Organe, die im Gleichklang schwingen.

Alle Selbstheilungskräfte liegen in Dir. Aktiviere meinen Strahl und führe Dir die Ströme der Heilung aus Deinem göttlichen Ich Bin zu. Ich Bin der Engel der Heilung in Dir.

## Lehre

Heilung ist die Kraft der Harmonie, die der moosgrüne Strahl in uns erklingen lässt. Seelische Disharmonien können sich in körperlichen Beschwerden manifestieren. So beginnt Heilung bereits damit, uns ausgewogene Lebensumstände zu schaffen, in denen unsere seelischen, geistigen und körperlichen Bedürfnisse Raum finden. Das Grün der Natur wirkt bei einem Spaziergang ausgleichend auf unsere Seele ein, entspannt unsere Sinne und regeneriert das Nervensystem. Unser Körper ist ein komplexes System, ein Mikrokosmos im Makrokosmos und verfügt über die großartige Kraft zur Selbstheilung. Unterstütze ihn durch eine gesunde Ernährung und lausche auf die Signale, die er Dir sendet. Nutze die Heilkräfte aus der Natur und verwöhne Dich mit wohltuenden Kräutertees. Ein gesunder Geist wohnt in einem gesunden Körper und so sollte unsere ganzheitliche Entwicklung immer auch die Bedürfnisse des physischen Körpers einbeziehen. Er ist der Tempel unserer Seele.

## Übung

Heute ist ein Tag des körperlichen Wohlergehens. Nimm Dir Zeit für Deine Mahlzeiten, bereite sie bewusst und liebevoll zu. Trinke viel frisches Quellwasser, koche Dir einen wohlschmeckenden Kräutertee und spüre, wie die Kräfte der Pflanzen Dich stärken. Danke Mutter Natur für ihre Gaben. Gönne Dir ein Entspannungsbad oder eine Massage und nimm Deinen Freund Körper bewusst und in Liebe wahr. Spüre, wie Dein Wohlgefühl tiefe Entspannung in Dir freisetzt.

# Engel der Herzensliebe

## Botschaft

Iᴄʜ Bɪɴ der Engel der Herzensliebe. Meine rosa-rotfarbene Schwingung ist sanft und zugleich die mächtigste Energie des Universums: die Liebe. Iᴄʜ Bɪɴ bei Dir und meine Energien wirken sanft auf Dein Herzenergiezentrum ein. So wie sich Blumen unter den wärmenden Sonnenstrahlen öffnen, so öffnet sich die Blüte Deines Herzens in meiner liebenden Gegenwart ganz weit. Mit der Liebe, die sich aus Deinem Herzen ergießt, bist Du ein Geschenk für alles Seiende. Tief in Deinem Herzen ist das Christusbewusstsein verankert, die Kraft der bedingungslosen Liebe in Dir. So wisse, dass sich in der Christusliebe Deines geöffneten Herzens alle Ängste und Verletzungen auflösen. Iᴄʜ Bɪɴ der Engel der Herzensliebe in Dir.

## Lehre

Wir tragen die Quelle der Liebe in uns. Liebe ist eine Energie, die wir benötigen wie die Luft zum Atmen. Ihrem Wesen nach möchte sich die Liebesenergie frei verströmen und so dürfen wir lernen, sie großzügig zu verschenken. Denn je mehr Liebe wir geben, umso mehr fließt auch zu uns zurück. Oftmals haben wir jedoch in diesem oder früheren Leben tiefe Verletzungen erlebt, die wie Wunden auf unserem Herzen liegen und in uns das Bedürfnis nach Schutz hervorrufen. Doch wir sind hierher gekommen als eine Seele in einem physischen Körper, um neue und heilende Erfahrungen zu machen. Und so sind wir aufgerufen, uns der Kraft des Engels der Herzensliebe, der Christusliebe oder der rosarotfarbenen Liebesschwingung zu bedienen, um uns im Schutz dieser Schwingungen erneut zu öffnen, heilen und versorgen zu lassen. Und mit jeder weiteren Herzöffnung bringen wir unsere lichtvolle Liebespersönlichkeit stärker zum Erstrahlen als ein Geschenk an das Leben und an unsere Mitmenschen.

## Übung

Tu Dir heute etwas Gutes, verwöhne Dich mit schönen Rosendüften auf Deiner Haut oder über die Duftlampe in Deiner Wohnung, schenke Dir selbst eine Blume und erlebe ganz tief, wie die Kraft der Liebesfähigkeit bei Dir selbst anfängt.

# Engel der Herzenswünsche

## Botschaft

Ich Bin der Engel der Herzenswünsche. Meine goldenen und violettfarbenen Energien schwingen sich tief in Dein Herz und aktivieren Deine Vorstellungskraft. Ich Bin die Kraft der Verwirklichung all dessen, was in Deinem Herzen angelegt ist, und erwecke die Sehnsucht nach Erfüllung in Dir. Ich aktiviere Deine Träume und schenke Dir die Herzenskraft, an sie zu glauben. Alles erfüllt sich zur rechten Zeit in Deinem Leben. Ich Bin der Engel der Herzenswünsche in Dir.

## Lehre

Herzenswünsche entspringen unserem Seelengrund und rufen in uns die Erinnerung an unsere Bestimmung wach. Jede Seele sehnt sich nach der Verwirklichung ihres Selbst, des göttlichen Ich Bin. Sie trägt besondere Gaben und Talente mit in dieses Leben und möchte alles Seiende mit ihrem persönlichen Ausdruck bereichern und erfreuen. Wenn wir unsere Begabungen leben, finden wir darin die größtmögliche Erfüllung. Die Kraft dazu liegt in uns. So lasse Dir vom Engel der Herzenswünsche den geistigen Zauberstab überreichen und öffne eine neue Herzenstür in Dir. Glaube an Dich und Deine Träume, sie entspringen der Weisheit Deiner Seele. Gib Deinem tiefen Herzenswunsch Raum, der nun an die Oberfläche Deines Bewusstseins strömt. Begrenze Dich nicht und übergib den Wunsch Deinem Engel. Vertraue der Schöpferkraft, die alles zum rechten Zeitpunkt in Dein Leben ruft. Alles, was Deinem Lebensplan und Deinem Wachstum entspricht, wird sich erfüllen.

## Übung

Heute öffne ich das Schatzkästchen meines Herzens und lasse mich vom Leben beschenken. Spüre Deinen inneren Reichtum an Begabungen und setze sie Stück für Stück in der Realität Deines Lebens um. Alles, was aus der Essenz Deiner Seele, Deinem göttlichen Ich Bin, in die Welt strömt, schenkt Dir tiefe Erfüllung und wird tausendfach zu Dir zurückfließen. Das Füllhorn der Schöpfung liegt in Deinem Inneren. Sei dankbar für Deine göttlichen Gaben und das Leben wird Dich reich beschenken.

# Engel der Hingabe

## Botschaft

Ich Bin der Engel der Hingabe. Meine Energien legen sich schützend um Dich und erwecken die Gewissheit in Dir, liebevoll geführt zu sein. Ich Bin der Strom der Liebe, der Dein Bewusstsein weitet. Voller Vertrauen öffnest Du Dich dem Fluss des Lebens und gibst Dich dem Lebensstrom ganz und gar hin. Du spürst den tiefen Glauben in Dir, aus dem Dein Herz die Worte spricht: „Der göttliche Wille in mir geschehe." Ich Bin der Engel der Hingabe in Dir.

## Lehre

Hingabe ist eine Kraft, die aus tiefem Vertrauen erwächst. Häufig verrennen wir uns in unseren eigenen Vorstellungen und glauben, es gebe nur den einen Weg zum Ziel. Wenn die Umstände nicht unseren Vorstellungen entsprechen, tun sich oftmals große Widerstände in uns auf. Diese spüren wir als Blockaden in unserem Lebensfluss und der Alltag wird schwergängig.

Hingabe ist die Kraft in unserer Seele, die unser Leben in all seinen Aspekten anzunehmen vermag. Wie erlösend ist es, einmal ganz loszulassen, uns dem Leben hinzugeben und darauf zu vertrauen, dass es eine noch größere Macht als unsere Persönlichkeit gibt, die alles zum Besten regelt! Die größte Angst vor der Hingabe ist, dass wir uns selbst aufgeben könnten. Hingabe führt uns jedoch immer in unser göttliches Ich Bin, wo wir in Liebe und Einheit umfangen und aufgehoben sind. Vertraue auf die Kraft Deines Glaubens.

## Übung

Betrachte Dein Leben und schaue, ob es Bereiche gibt, die nicht voranzugehen scheinen oder in denen Du mit Widerständen konfrontiert bist. Wie gehst Du mit dieser Situation um? Wisse, dass Druck den Widerstand nur vergrößert. So versuche es einmal mit Hingabe und lasse alle persönlichen Vorstellungen los, wie die Situation sich zu verändern oder aufzulösen habe. Bitte um Führung, die Dir neue Wege und Möglichkeiten aufzeigt und die alle Umstände mit einbezieht, statt gegen sie anzukämpfen. So können neue Lösungen aus einem tieferen Verständnis heraus zu Dir finden.

# Engel der Klarheit

## Botschaft

Ich Bin der Engel der Klarheit. Meine Energien durchdringen Dich und klären Deine Gedanken und Deine Gefühle. Ich Bin die Kraft, die neue, kristalline Strukturen in Dir erschafft. Meine Energien dringen tief bis in die Zellen Deines physischen Körpers ein und bringen Dir Erneuerung auf allen Ebenen Deines Seins. Ich bin der Engel der Klarheit in Dir.

## Lehre

Klarheit ist die Kraft, die wir besonders unserem Geist zuordnen. Es gibt Lebenssituationen, in denen wir uns verwirrt und orientierungslos fühlen, Verstand und Gefühl scheinen sich zu widersprechen. Oft sind dies Phasen intensiver, innerer Entwicklung. Einer grundlegenden Neuorientierung muss manchmal die Erschütterung unserer Gedankengebäude vorausgehen, damit in der Tiefe etwas Neues entstehen kann. Das hellstrahlende, göttliche Ich Bin in Deinem Inneren bleibt von diesen Stürmen unberührt. Es ist die ordnende Kraft in Dir, die neue Strukturen schafft. Alles, was wir denken und fühlen, wirkt sich auch auf die Befindlichkeit unseres Körpers aus. So schließe Deinen Körper liebevoll und bewusst in den Durchlichtungsprozess mit ein. Über die kristallklaren Energien können sich alte Speicherungen in Deinen Körperzellen auflösen, so dass Dein Wesen auf allen Ebenen Deines Seins heller und klarer erstrahlt.

## Übung

Wähle einen klaren und schönen Bergkristall aus und nutze ihn für Deine Meditation. Halte ihn in Deinen Händen und betrachte aufmerksam die inneren Strukturen und Zeichnungen des Steines. Darüber tritt Dein Wesen in Resonanz zu der klärenden Energie des Kristalls. Schließe dann die Augen und stelle Dir vor, wie Dein geistiges Wesen, das Du bist, einen kristallinen Tempel betritt. Lasse Dich durchströmen von den klärenden und reinigenden Energien, die Dein gesamtes Aurafeld durchdringen. Atme die Gedankenenergie „Ich Bin Klarheit" ein und aus und verbleibe so lange es Dir gut tut in diesem Bild. Öffne dann wieder die Augen und genieße die neue Ordnung in Dir.

# Engel der Kreativität

## Botschaft

ICH BIN der Engel der Kreativität. Meine türkisfarbenen Schwingungen erfassen Dein Sein und aktivieren Dein altes Wissen und Können. ICH BIN die Kraft der Inspiration in Deiner Lichtpersönlichkeit. Mit irisierendem Licht berühre ich Deine Seele und schenke Dir neue Ideen und Impulse. ICH BIN die Kraft des kreativen Lebensflusses und erwecke Dich zu neuen Ausdrucksformen Deines Seins. ICH BIN der Engel der Kreativität in Dir.

## Lehre

Kreativität ist eine Eigenschaft unseres göttlichen ICH BIN. Schaue in die Vielfalt der Natur, wie sie unendliche Formen und Farben hervorbringt und dem Leben damit Ausdruck verleiht. Lerne, Dich von allen Maßstäben und Bewertungen zu befreien und Deiner Phantasie freien Lauf zu lassen. Kreativ sein heißt, schöpferisch zu sein. Wir alle sind Schöpfer unserer Lebensrealität und es liegt allein in Dir, wie sich Dein Lebenskunstwerk gestaltet. So lasse Dich inspirieren von all der Schönheit, der Vielfalt um Dich herum und kreiere Deinen persönlichen Seelenausdruck. Lausche auf die Melodie der Schöpfung, verschmelze die Farben des Universums, tanze den Tanz des Lebens und schwinge die Feder Deiner Seelenweisheit. Siehe die Welt mit den Augen eines Kindes, das sich an allem Neuen erfreut und von unbändiger Entdeckerlust erfüllt ist. So kannst Du ein inneres Universum erschaffen, das die Schönheit Deiner Seele repräsentiert.

## Übung

Heute nehme ich mir Zeit für Kreativität. Ob Malen, Singen, Tanzen oder Schreiben, ich probiere einfach aus, was heute aus mir herausfließen möchte, um durch mich Gestalt anzunehmen. Ich lasse alle Bewertungen und Erwartungen los und erfreue mich einzig an der Ausdruckskraft meines Wesens. ICH BIN eine Bereicherung für das Leben.

# Engel der Lebendigkeit

### Botschaft

Ich Bin der Engel der Lebendigkeit. Meine orangefarbenen Energien vitalisieren Dich und versetzen alle Deine Energiekörper in Schwingung. Ich Bin ein tanzender Lichtstrahl in Deiner Aura, Ich Bin ein Freudenfunken in Deinem Herzen und erwecke den Quell der Lebensfreude in Dir. Verschmelze mit meiner Energie und versprühe die goldenen Lichtfunken in die Aura der Menschen in Deiner Umgebung. Ich Bin der Engel der Lebendigkeit in Dir.

### Lehre

Mit dem Gefühl der Lebendigkeit gehen wir beschwingt durchs Leben. Wir spüren, wie auch unser Freund Körper in unsere lichtvolle Entwicklung eingebunden ist und wie wir in ihm das Geschenk der Genussfähigkeit erleben dürfen. Die Kraft der Vitalität aus unserer Mitte lässt alle Erdenschwere von uns abfallen. Wir begegnen dem Leben freudig und spielerisch. Das Leben ist ein Fest, das es zu feiern gilt. So tauche in Deine göttliche Quelle ein und lasse Dich freudigen Herzens zum Tanz des Lebens auffordern. Der Engel der Lebendigkeit lädt Dich ein, das Kind in Dir zu erwecken. Spiele, tanze, lache und singe und Du wirst spüren, wie Du Dich selbst jederzeit mit dieser wunderbaren Energie beschwingen kannst.

### Übung

Heute ist ein Tag der sprudelnden Lebendigkeit! Ich lege mir schwungvolle Musik auf und bitte meine Engel zum Tanz. Meine Lebendigkeit gleicht den Sonnenstrahlen, die jedes Herz erhellen, mit dem ich heute in Berührung komme.

# Engel der Leichtigkeit

## Botschaft

ICH BIN der Engel der Leichtigkeit. Meine rosarotfarbenen Energien durchdringen alle Deine Energiekörper und beflügeln Dein Wesen. Leichtigkeit erfasst Dich und Du spürst die Erhebung in Deinem ganzheitlichen Sein. ICH BIN wie eine frische Sommerbrise, die durch Deine Seele streicht und alte Energien sanft hinwegweht. Leichtigkeit umfängt auch Dein Herz und Du wirst weit und frei in Deinen Gedanken, Gefühlen und Taten. ICH BIN der Engel der Leichtigkeit in Dir.

## Lehre

Leichtigkeit ist die Essenz unserer Seele, eine Schwingung, in der wir uns unendlich wohl fühlen. Wenn uns etwas in Leichtigkeit gelingt und spielerisch von der Hand geht, so drückt sich unser Wesen darin unmittelbar aus. Die Energie der Leichtigkeit signalisiert uns, dass wir in Übereinstimmung mit unserem Seelenplan handeln. Leichtigkeit zu erleben ist auch die Fähigkeit, der Energie nachzuspüren, wo sie heute hinfließen und wie sie sich durch uns ausdrücken möchte. Häufig erzeugen wir aus alten Mustern und Ansprüchen einen inneren Druck, der unsere Widerstände aktiviert. Das führt unweigerlich zu Blockaden im Lebensfluss. Erlaube Dir, alle Ansprüche loszulassen und tief durchzuatmen. Lass die Leichtigkeit zu Deinem Antriebsmotor werden, denn sie verleiht Dir Flügel, um Dich in Deine ureigene Bestimmung hineinzutragen. Beschenke Dich und die Welt mit dem Ausdruck Deiner einzigartigen Seelenessenz.

## Übung

Erlebe das Gefühl der Leichtigkeit in seiner elementaren Form, z. B. auf einer Schaukel. Am äußersten Punkt des Schaukelschwungs gibt es einen Moment, der sich wie schwerelos anfühlt und Deinem inneren Kind einen befreienden Jauchzer zu entlocken vermag. Auch im Element Wasser werden wir leicht, tauchen ein und lassen uns tragen. Genieße diese Momente des Glücks und des Auftriebs und trage den Schwung in Deine neuen Projekte hinein, die sich mühelos durch Dich entwickeln werden.

# Mondengel

## Botschaft

Ich Bin Dein Mondengel. Sanft umspielt Dich mein silbriges Liebeslicht und öffnet die Tore zu Deiner Seele. Ich Bin ein Aspekt Deiner Ganzheit, ein Teil Deines inneren Kosmos. Ich Bin die göttliche Gnade der Erlösung von alten Verletzungen und Wunden. Ich Bin die Liebe, die Dir aus dem Herzen des All-Einen zuströmt und alle Emotionen zu heilen vermag. Tauche ein in den Ozean Deiner Seele, in die Einheit Deines Seins und nimm Deinen Gefühlsreichtum dankbar an. Fürchte Dich nicht, denn mein sanftes Licht wirft keine Schatten. Empfange meine Energien, sie verschmelzen alle Gefühle in der göttlichen Liebe. Ich Bin Dein Mondengel in Dir.

## Lehre

Der Mond ist ein Himmelskörper, der selbst nicht leuchtet, sondern das Licht der Sonne reflektiert. Er steht symbolisch für unser Unterbewusstsein, für die emotionale Tiefe unserer Seele. Seine kosmische Kraft beeinflusst die Gezeiten des Meeres und auch den Zyklus des weiblichen Körpers. So steht der Mond seit uralten Zeiten für die Kraft des Weiblichen und für unseren Gefühlshaushalt.

Verbinde Dich mit dem Mondaspekt, dem Urweiblichen in Deiner Seele. Gemeint sind die Kräfte der Intuition, Dein untrügliches Gespür für die Situationen Deines Lebens. Lerne, Deinen Gefühlen zu vertrauen. Sie sind ein feiner Sensor Deiner Seele. Der Mondaspekt stärkt Deine Fähigkeit, zu empfangen. Lass Dich vom geheimnisvollen Schimmer seines silbrigen Lichts verführen, in Deine tiefe Gefühlswelt einzutauchen und Dich an Deinem inneren Reichtum zu erfreuen. Dein Mondengel schenkt Dir die Kraft, alle Aspekte in Dir anzunehmen und sie im Ozean Deiner Seele zu vereinen. So geschieht Heilung auf tiefen Seelenschichten.

## Übung

Lass Dich heute von Deiner Intuition leiten. Achte ganz bewusst auf Deine Gefühle, spontanen Reaktionen oder Impulse und gib ihnen nach. Beobachte, wie Dein Tag zu fließen beginnt und wie es sich anfühlt, wenn Du der Stimme Deines Herzens folgst.

# Engel des Mutes

## Botschaft

Ich Bin der Engel des Mutes. Meine kraftvollen Energien erfassen Dein Herz und entfachen das Feuer Deiner Entschlossenheit. Ich Bin die Kraft, die Dich in eine neue Erfahrung Deines Lebens trägt. Meine Energien schenken Dir den Zündstoff der Lebensfreude, um beherzt den nächsten Schritt auf Deinem Lebensweg zu gehen. Ich Bin die Kraft der Abenteuerlust in Dir. Wage den Sprung in eine neue Erfahrung und erobere Dein Leben. Ich Bin der Engel des Mutes in Dir.

## Lehre

Mut ist eine Seelenkraft, die uns mit großen Schwingen voranträgt. Unsere Seele sucht in Ihrer Entwicklung nach immer neuen Herausforderungen, an denen sie wachsen und reifen kann. Mut ist die Kraft, lieb gewonnene Gewohnheiten zu überwinden und Dein Potential zu erweitern. Spüre Dein Selbstbewusstsein als starkes Fundament in Deiner Seele. Dann ist Mut der zündende Funke, um Dich neu zu erproben. Strecke Dich nach einer neuen Herausforderung in Deinem Leben aus, die Dir bald als Möglichkeit zuwinken wird. Wenn sich nochmals kurz die Ängste aus alten Erfahrungen zeigen sollten, dann schenkt Dir die Kraft des Mutes die Entschlossenheit, Dir selbst zu vertrauen und den Sprung in diese Gelegenheit des Glücks zu wagen. Es erwarten Dich neue Erfahrungen und Dein Mut wird in jedem Fall belohnt werden.

## Übung

Gibt es etwas in Deinem Leben, das Du schon lange vor Dir herschiebst? Eine Entscheidung, ein Telefonat oder eine Arbeit, die zu erledigen ist? Frage Dich, was Dir in Wirklichkeit Angst macht und Dich davon abhält, es in Angriff zu nehmen. Wenn wir die Angst benennen, wird ihr die Macht genommen. Nun rufe den Engel des Mutes an Deine Seite und bitte ihn darum, Dich bei der Erledigung der Angelegenheit zu unterstützen. Wahrscheinlich wirst Du feststellen, dass es gar nicht so schwierig ist, wie Du befürchtet hast. Und als Geschenk für Deinen Mut erlebst Du, wie Dir ganz viel neue Kraft und Energie zufließen.

# Engel der Offenheit

## Botschaft

ICH BIN der Engel der Offenheit. Mit meinen Schwingungen berühre ich Dich tief in Deiner Seele. Öffne Dich dem Schatz Deiner Herzenswahrheit und bringe sie über Deine Worte und Taten zum Schwingen. Ich ermutige Dich, offenen Herzens durch das Leben zu gehen. ICH BIN die Kraft, die Gemeinsamkeiten stärkt, so dass Du neue Herzenskontakte knüpfen kannst. Erlebe das Wunder der Kommunikation von Herz zu Herz, die tiefstes Verständnis für Dich und andere schafft. ICH BIN der Engel der Offenheit in Dir.

## Lehre

Offenheit ist eine Schwingung, in der tiefe Heilung geschehen kann. Wenn Du Dich öffnest, zeigst Du Dich, wie Du bist: mit all Deiner Liebe, Deiner Begeisterung, aber auch Deiner Verletzlichkeit. Häufig verschließen wir unser Herz aus Angst, verletzt zu werden. Doch mit verschlossenen Herzenstüren halten wir auch Bereiche unseres Lebens fern. Der Engel der Offenheit bringt Dir die Botschaft, dass dies ein Schutzmechanismus Deiner Seele ist, der aus sehr alten Zeiten und Erfahrungen stammt. Nun ist die Zeit gekommen, Deine Herzenstüren weit zu öffnen, um festzustellen, dass Dich ganz neue Ausblicke und Erfahrungen erwarten! Traue Dich, das Leben mit Deinem persönlichen Ausdruck und Deiner Herzenswahrheit zu bereichern. Mit einem offenen Herzen bist Du ein Geschenk an das Leben und an Deine Mitmenschen. Die Schwingung Deiner Herzenswahrheit wird alle Beziehungen vertiefen.

## Übung

Heute gehe ich bewusst und offenen Herzens hinaus und erfreue mich an jeder Begegnung. Herzenskommunikation kann bereits ein liebevoller Blick, ein Lächeln und natürlich auch ein verständnisvolles Gespräch sein. Wenn ich mich dem Leben öffne und tiefe Berührung zulasse, erschließe ich mir den Reichtum des Lebens. Bereichere Dich und andere Menschen heute mit Deiner Herzensoffenheit.

# Engel der Reinheit

## Botschaft

ICH BIN der Engel der Reinheit. Mit meinen klärenden Energien durchdringe und reinige ich Deine Aura. ICH BIN die Kraft, die alte Energien fortspült. ICH BIN wie der Morgentau eines anbrechenden Tages und schenke Dir Reinheit, Frische und die Kraft des Neubeginns. So lasse Dich durchdringen von meinen Energien, die Dein Aurakleid immer heller und klarer erstrahlen lassen. ICH BIN der Engel der Reinheit in Dir.

## Lehre

Reinheit und Unschuld sind die Attribute unserer göttlichen ICH BIN-Gegenwart. Im Laufe unserer irdischen Leben haben wir viele Erfahrungen und Glaubenssätze angesammelt, die wir wie ein energetisches Gepäck mit in unsere Inkarnation hineintragen. Das Gepäck symbolisiert die Lernschritte, die sich die Seele für ihr Erdenleben vorgenommen hat. Es gibt immer wieder Entwicklungsphasen, die tief gehende Reinigungsprozesse auf seelischer und körperlicher Ebene mit sich bringen. So wie unser Körper über Selbstheilungskräfte verfügt, reguliert sich auch unser Seelengleichgewicht. Wenn wir durch tief greifende Lernerfahrungen gehen, befreit sich unsere Seele von alten Energiestrukturen, die ihrer Schwingung nicht mehr angemessen sind. Häufig gehen damit auch auf körperlicher Ebene Ausleitungsprozesse einher. Wir sollten uns immer ausreichend Zeit und Ruhe für diese „seelische Hygiene" nehmen, denn schon bald wird der neue Schwung spürbar sein und unser göttliches ICH BIN noch heller erstrahlen.

## Übung

Heute ist die Zeit der tief gehenden Reinigung. Begib Dich in die Stille Deines Herzens und atme einige Male die Gedankenenergie „ICH BIN Harmonie" ein und aus. Visualisiere, wie Du an einen wunderschönen Wasserfall herantrittst, eine Oase in Deinem Herzen. Regenbögen erstrahlen in den Wasserschleiern. Stelle Dich nun geistig unter diesen Wasserfall und lasse Deine Aura von dem kristallweißen Licht durchströmen. Spüre die Durchlichtung und Erneuerung und lasse alles Beengende einfach von Dir abfließen. Mit dieser Übung kannst Du Deine Aura jederzeit klären und reinigen.

# Engel der Sanftmut

## Botschaft

ICH BIN der Engel der Sanftmut. Mit zarten, rosarotfarbenen Schwingungen hülle ich Dich in meine Liebe ein. Deine Herzenstüren öffnen sich weit, so dass sich die Schönheit und Strahlkraft Deiner Seele verströmen kann. ICH BIN wie das sanfte Abendlicht, das in Deiner Seele schimmert und Dir tiefen Frieden und Ruhe schenkt. Entspanne Dich in der sanften Berührung meiner Liebesenergie und lasse Dich vom Liebesstrom in Dein göttliches ICH BIN hineintragen. ICH BIN Licht und Liebe. ICH BIN der Engel der Sanftmut in Dir.

## Lehre

Sanftmut ist eine zarte Seelenschwingung, die uns wie der Flügelschlag eines Schmetterlings berührt. Es ist eine Kraft, in der wir uns dem Leben hingeben und geschehen lassen können, was sich aus uns heraus entfalten möchte. Der Wille unseres Verstandes wird eingehüllt und die Liebesenergie der Sanftmut durchströmt uns. Alle Widerstände schmelzen dahin und fließen in den Ozean der Liebe. Lass Dich vom sanften Mut des Liebesstromes erfassen und mittragen. Über Deine geöffneten Herzenstüren erstrahlt Dein wahres Selbst. Aus Deiner unerschöpflichen Liebesquelle verströmt sich der Duft Deiner Seele. Bereichere das Leben mit Deiner ureigenen Seelenschwingung. Die Sanftmut Deiner Seele webt Liebesfäden zu den Herzen Deiner Mitmenschen. Wirke mit am Lichtnetz der Liebe, in dem die Schmetterlinge tanzen und die Seelenblüten der Menschen miteinander verbinden.

## Übung

Heute ist ein Tag der Selbstliebe. Hülle Dich in rosarotfarbene Energien ein und atme die Gedankenenergie „ICH BIN Licht und Liebe" ein und aus. Dein Herz öffnet sich wie eine Blüte, die ihren Duft in Deine Umgebung verströmt. Labe Dich am Liebesnektar, dem Strom Deiner Herzensliebe, und sende Deine Liebesenergie in alles Seiende.

## Schutzengel

### Botschaft

Ich Bin Dein Schutzengel. Liebevoll und sanft umfängt Dich meine vertraute Energie und verbindet sich mit Deinem Wesen. Ich Bin die Kraft, die Dich zu jeder Sekunde Deines Lebens begleitet und führt. Öffne mir Dein Herz und das Tor Deiner Gedanken und rufe mich zu Dir. Lege alles, was Dich bewegt, in meine Hände. Ich Bin immer an Deiner Seite. Meine Energien umfangen und schützen Dich, spüre die tiefe Geborgenheit, die ich Dir schenke. Ich Bin Dein Schutzengel in Dir.

### Lehre

Jeder Mensch hat einen persönlichen Schutzengel, der ihm sehr vertraut ist und ihn durch alle Erfahrungen des Lebens begleitet. Liebevoll beschützt er Dich auf Deiner Lebensreise und hilft Dir, Deine Lernaufgaben zu meistern. Wenn wir uns unserem Schutzengel bewusst zuwenden, so erstrahlt sein Herz und seine Energien können uns verstärkt zufließen. Beziehe Deinen Schutzengel in alle Bereiche Deines Lebens mit ein. Sprich mit ihm wie mit Deinem besten Freund und bitte ihn um Schutz, Rat und Unterstützung. Mit der Zeit wirst Du immer deutlicher spüren, auf welche Weise sich Dir Dein himmlischer Freund augenblicklich mitteilt. Du magst es als emotionale Berührung, Freude oder ein Gefühl der Liebe verspüren, oder auch als einen leisen Lufthauch, der Dich sanft streicht. Sensibilisiere Dich für die Sprache Deiner Seele und empfange freudig seine liebenden Energien und Botschaften.

### Übung

Heute stärke ich die Verbindung mit meinem Schutzengel. Ich lege die Hand auf mein Herzenergiezentrum und nehme über meine liebenden Gedanken Kontakt mit meinem Schutzengel auf. Über mein geöffnetes Herz empfange ich seine Botschaft: als ein Gefühl oder ein inneres Bild.

Diese Übung kannst Du oft am Tag wiederholen und dazu innerlich eine Frage formulieren. Manchmal stellt sich die Antwort Deines Schutzengels auch zu einem späteren Zeitpunkt wie ein Geistesblitz ein. Danke Deinem himmlischen Freund für seine treue Begleitung.

# Engel der Seelenpartnerschaft

### Botschaft

Ich Bin der Engel der Seelenpartnerschaft. Sanft umfange ich Dich mit meinen Liebesschwingungen, die Dich in Deinem Herzen berühren. In meinem Liebeslicht verschmelzen Bewusstseinsebenen in Dir. Gib Dich dem Liebesfluss ganz einfach hin. Ich berühre Dich tief in Deinem Wesen und heile alte Erfahrungen und Verletzungen. Empfange dankbar das Geschenk der Liebe, welches seit Anbeginn der Zeit für Dich bereitsteht. Ich Bin der Engel der Seelenpartnerschaft in Dir.

### Lehre

Der Engel der Seelenpartnerschaft ruft das tiefe Wissen in Dir wach, dass es eine von reinster Herzensliebe und tiefstem Verständnis getragene Partnerschaft gibt. Vielleicht hast Du diese Liebe schon gefunden oder Du bist noch auf der Suche nach ihr. Erkennen wirst Du sie erst, wenn Du Dein Herz öffnest und Dich ganz tief einlässt. So kann die Herzensliebe von Seele zu Seele strömen und Euch ganzheitlich umfangen.

Häufig tragen wir tiefe und manchmal unbewusste Verletzungen in unserer Seele, die unser Herz aus Schutz vor dem Schmerz eng werden lassen. Die Herzensliebe ist das göttliche Geschenk, das alle Wunden zu heilen vermag. Öffne Dich dem Wunder der Liebe, es erblüht zunächst in Deiner Seele und wird dann alles in Dein Leben ziehen, was dieser Liebe entspricht. Du bist es wert, eine erfüllte und von Herzensliebe getragene Seelenpartnerschaft zu leben.

### Übung

Heute ist ein Tag der Herzensheilung. Tauche in die Stille Deines Herzens ein und lasse Dich von rosarotfarbener Energie umfangen. Bitte Deinen Engel, alle Wunden zu heilen, die dem freien Liebesfluss in Dir noch im Wege stehen. Das rosarotfarbene Liebeslicht umhüllt Deine Seele wie Balsam, Du bist vollkommen angenommen und geliebt. Eingehüllt in dieses Liebeslicht wird das Leben Dir mit Liebe antworten, vertraue dem Universum.

# Sonnenengel

## Botschaft

Ich Bin Dein Sonnenengel. Meine goldgelben Energien erfassen Dich ganzheitlich und erhellen Dein Wesen. Ich Bin die Kraft, die aus Deinem Sonnengeflecht erstrahlt. Sanft aktiviere ich Dein Seelenbewusstsein und stärke Deine männlichen und aktiven Anteile. Ich Bin die Kraft der Ausdehnung aus Deiner Mitte. Meine sprühenden, goldenen Lichtpartikel schenken Dir Vitalität und Lebensfreude. Tauche ein in die Quelle Deines göttlichen Ich Bin und lasse Dein inneres Licht erstrahlen. Ich Bin Dein Sonnenengel in Dir.

## Lehre

Die Sonne, unsere himmlische Licht- und Wärmequelle, ist ein zentraler Himmelskörper für uns. Sie ist eine lebensspendende Energiequelle, ohne die kein Leben und Wachstum auf unserem Planeten möglich wäre. Der Sonnenschein wirkt positiv auf unsere Seele und unser Gemüt, wir fühlen uns aktiver und unternehmungsfreudiger.

Wir alle tragen die Sonnenkräfte in unserem inneren Kosmos, manifestiert im Sonnengeflecht unseres Körpers. Das Sonnengeflecht ist unser Macht- und Willenszentrum. Wenn es harmonisch schwingt, erstrahlt unser Wesen in seiner vollen Strahlkraft und wir verspüren die Lust, uns in der Welt zu erfahren und auszudrücken. Mache Dir die Kraft Deiner inneren Sonne des Öfteren bewusst. Genieße die innere Wärme, durch die sich Dein Wesen ausdehnt und Dein Licht erstrahlt. Beschenke und inspiriere die Welt mit den sprühenden Lichtfunken aus Deinem göttlichen Ich Bin und bringe damit den Garten Deines Lebens zum Erblühen.

## Übung

Tauche ein in die Stille Deines Herzens und atme einige Male tief in Deinen Bauch und in Dein Sonnengeflecht ein und aus. Spüre, wie sich mit jedem Atemzug Dein Sonnengeflecht sanft ausdehnt und Du ganz angefüllt wirst von goldgelber Energie. Sprich nun drei Mal die Gedankenenergie „Ich Bin die Sonne meines Lebens" laut aus. Diesen Satz kannst Du mehrmals am Tag wiederholen und damit Dein inneres Licht und Deine Kräfte aktivieren.

# Engel der Spontaneität

## Botschaft

Ich Bin der Engel der Spontaneität. Mit meinen Energien beschwinge ich Deine Energiekörper und öffne Dich für die Impulse Deiner Seele. Ich Bin der Geistesblitz in Deinen Gedanken. Ich Bin der Freudenhüpfer in Deinem Herzen und der Impuls zur Tat. Rufe mich in Dein Herz und öffne Dich den Überraschungen des Lebens. Ich Bin die Kraft, die neuen Schwung in Dein Leben bringt und Deine Lebendigkeit entfacht. Ich Bin der Engel der Spontaneität in Dir.

## Lehre

Spontaneität ist das Feuer unserer Seele, das uns die Kraft gibt, unseren Impulsen zu vertrauen und aus ihnen heraus zu handeln. Verblüffe Deinen Verstand mit dem Einfallsreichtum Deiner Seele, die sich in vielfältiger Art und Weise im Leben erfahren und ausdrücken möchte. Sprenge das enge Gewand Deiner Gewohnheiten und lasse Dich auf neue Erfahrungen ein, Dein Bauchgefühl wird Dich leiten. Das Leben möchte uns in Hülle und Fülle beschenken. Nimm Dein Inneres Kind an die Hand und lasse Dir von ihm die Welt zeigen. Mache Dich bereit für den Abenteuerspielplatz des Lebens, in dem nichts so ist, wie es zu sein scheint. Bestaune die Welt mit den Augen Deines Inneren Kindes und spüre, wie Dich sprudelnde Lebendigkeit durchströmt. Der Engel der Spontaneität möchte Dein Leben auf den Kopf stellen. Macht Dir das Angst? „Die einzige Sicherheit liegt in Dir", flüstert die Stimme Deines Herzens. So tauche ein in Dein göttliches Ich Bin und erwecke die Flexibilität in Dir, die Chancen des Lebens lustvoll zu ergreifen und Dich darin zu entdecken und zu erproben.

## Übung

Heute entfache ich meine Spontaneität. Welche Spur meines Lebens ist starr und eingefahren? Heute stelle ich die Weichen neu. Ich durchbreche die Mauer der Gewohnheit und bringe Veränderung in mein Leben. Welch wunderbare Kraft in mir, die solche Wunder bewirken kann. Fange mit den kleinen Gewohnheiten des Alltags an und bringe Schwung und Frische in Deinen Tagesablauf. Die Freude an der Abwechselung wird Dich zu immer neuen Veränderungen inspirieren.

# Engel des Trostes

## Botschaft

ICH BIN der Engel des Trostes. Meine blauen, beruhigenden Energieströme umfangen Dein Sein und legen sich wie ein schützender Mantel um Dich. Lehne Dich an mich, ich bette Dich in meiner Herzensliebe. Alles ist gut, so wie es ist. Diese Weisheit verankere ich in Deinem Herzen und meine Energien des Trostes wirken wie Balsam auf Deine Seele. Mein liebendes Herz fühlt mit Dir und augenblicklich spürst Du die Beruhigung in Deinen Energiekörpern. ICH BIN bei Dir und behüte Dich. ICH BIN der Engel des Trostes in Dir.

## Lehre

Auf unseren Entwicklungsstufen kommen wir immer wieder einmal mit tiefen Verletzungen in Kontakt. Häufig liegt die Ursache schon lange Zeit, manchmal sogar viele Leben zurück und die aktuelle Situation hat nur dazu geführt, diese alte Wunde in uns anzustoßen, damit der Schmerz endlich erlöst werden kann. Es gibt viele Wunden, die wir aus Angst vor den Gefühlen in unseren Bewusstseinskammern verschlossen halten. Doch damit halten wir auch einen Teil unserer Persönlichkeit von uns fern, der endlich wieder integriert werden möchte. Der Engel des Trostes gibt Dir die Seelenkraft, diesen alten Schmerz wenn nötig nochmals zuzulassen. So können Seelenkammern in Dir geöffnet und von diesen Speicherungen gereinigt werden. Unter all dem Kummer und dem Schmerz liegen kraftvolle Anteile Deiner Persönlichkeit verborgen, die durch Deine Herzensliebe wieder zum Leben erweckt und in Deine Ganzheit integriert werden. So geschieht Heilung und Ganzwerdung auf tiefen Seelenschichten. Der Engel des Trostes trocknet Deine Tränen und schon bald erstrahlt Deine Seele noch heller und schöner.

## Übung

Heute nehme ich mich selbst in die Arme und bin gut zu mir. Vielleicht gibt es auch eine aktuelle, schmerzhafte Situation in meinem Leben, die ich in diesem Augenblick tiefsten Verständnisses in meine geistigen Arme schließe. Durch die Kraft des Annehmens schenke ich mir selbst Befreiung. Ich spreche zu mir die Worte: Alles ist gut.

# Engel der Verbindung

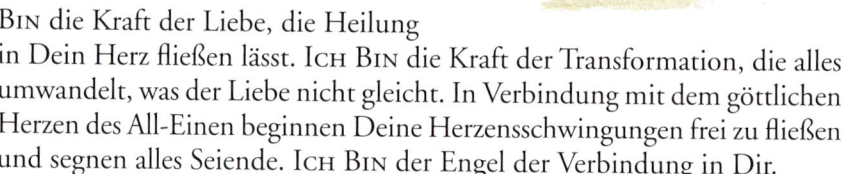

## Botschaft

ICH BIN der Engel der Verbindung. Meine violettfarbenen Schwingungen verbinden sich ganzheitlich mit Deinem Wesen und lösen jegliche Trennung im Licht der Liebe auf. Öffne Dein Herz und lasse Dich tief berühren. ICH BIN die Kraft der Liebe, die Heilung in Dein Herz fließen lässt. ICH BIN die Kraft der Transformation, die alles umwandelt, was der Liebe nicht gleicht. In Verbindung mit dem göttlichen Herzen des All-Einen beginnen Deine Herzensschwingungen frei zu fließen und segnen alles Seiende. ICH BIN der Engel der Verbindung in Dir.

## Lehre

Die Illusion der Trennung ist ein Urschmerz in unserer Seele. Wenn wir über die Geburt in dieses Leben eintreten, verlassen wir die Geborgenheit und Einheit des Mutterschoßes und erleben durch die Abnabelung die Individualität, die wir uns gewählt haben. Als geistiges Wesen in einem physischen Körper sind wir jedoch eingebettet in göttliche, alles umfassende Liebe, die uns auf allen Ebenen unseres Seins versorgt. Der göttliche Funke, unser ICH BIN, ist jenes Bewusstsein, welches die Einheit nie verlassen hat und diese Schwingung in uns repräsentiert. So tauche immer wieder ein in das Bewusstsein Deiner göttlichen ICH BIN-Gegenwart und heile alle Gefühle der Trennung in Dir. Die Herzensliebe, die aus Dir herausströmt, wird sich verbinden und alles, was ihr gleicht, in Dein Leben ziehen.

## Übung

Tauche in die Einheit Deines Herzens ein und atme drei Mal tief ein und aus. Spüre, wie Du von der liebenden Präsenz Deiner Engel umgeben bist, die sich ganzheitlich mit Deiner Aura verbinden. Lasse Dich versorgen und anfüllen von höchster, göttlicher Liebesschwingung, die es unendlich gut mit Dir meint. Öffne nun Dein Herz und verströme Deine Herzensliebe zunächst an einen Menschen, der Dir spontan in den Sinn kommt. Richte Dich dann auf Mutter Erde aus, die Dich liebevoll trägt und versorgt. Spüre die Einheit mit allem Seienden und trage diese Schwingung auch in Dein Tagesbewusstsein hinein.

# Engel der Vergebung

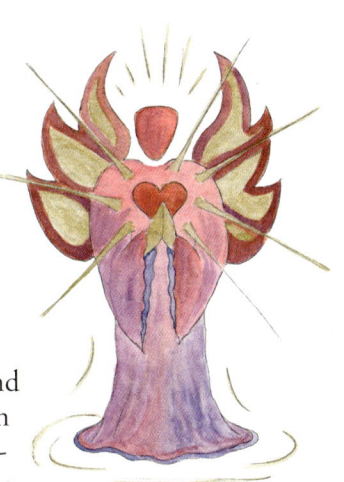

## Botschaft

Ich Bin der Engel der Vergebung. Meine rubin-
roten Schwingungen erfassen sanft Dein Herz und
öffnen es für die Kraft der Vergebung. Ich Bin ein
Strahl der Liebe, der tiefes Mitgefühl in Dir erweckt.
Meine Kraft der Liebe schmilzt alle Barrieren dahin und
schenkt Dir Befreiung und Frieden. Rufe mich in Dein
Herz und empfange die Heilung, die aus tiefer Vergebung erwächst. Du bist geliebt und angenommen, so
wie Du bist. Ich Bin der Engel der Vergebung in Dir.

## Lehre

Vergebung ist ein Aspekt der göttlichen Liebe und ein Schlüssel zu tiefer
Befreiung.

Im menschlichen Miteinander erfahren wir immer wieder Spiegelungen,
die uns an Verletzungen führen können und an alten Wunden rühren. In
diesen Wunden ist meist auch ein Gefühlspaket aus Wut und Groll gespeichert, das erlöst werden möchte. Die Herzenstüren lassen sich jedoch nur
von innen öffnen und die Kraft der Vergebung schenkt uns den Mut dazu.
So öffne Dich vertrauensvoll dem göttlichen Liebesstrom in Dir, der alles
heilt und verzeiht. Mit Deinem Herzen weißt Du, dass es zu Deiner ganzheitlichen Entwicklung dazugehört, alte Wunden heilen zu lassen. Indem
Du verzeihst, befreist Du Dich selbst, die Energien und auch die Menschen,
die mit dieser Erfahrung in Verbindung stehen. Mit jeder Herzensheilung
wächst Deine Liebesfähigkeit von Tag zu Tag.

## Übung

Tauche tief in Dein Herz ein und atme die Gedankenenergie „Ich Bin
Frieden" ein und aus. Genieße die Ruhe in Dir. Spüre in Dich hinein, ob
es momentan eine konfliktreiche Beziehung in Deinem Leben gibt. Stelle
Dir den Menschen und die Situation geistig vor. Öffne in Verbindung mit
dem Engel der Vergebung Dein Herz und lasse Dich anfüllen von rubinro-
ten Liebesschwingungen. Aus Deinem geöffneten Herzen fließt Heilung in
diese Situation. Genieße die Freiheit, die aus dem tiefen Loslassen erwächst.
Die Energie der Vergebung wird die irdische Lebenssituation verwandeln.
Sei dankbar für diese Herzenskraft in Dir.

# Engel der Verkündigung

## Botschaft

Ich Bin der Engel der Verkündigung. Mit goldgelben Energien umfange ich Dein Wesen und erwecke die Weisheit Deiner Seele. Mit der Strahlkraft Deiner Persönlichkeit kannst Du die Menschen tief berühren. Deine Herzensweisheit erwächst aus dem tiefen Verständnis für das Leben und seine Gesetze. Tauche ein in meine Schwingung und verkünde den Menschen Deine Herzensüberzeugung, Du trägst viele Perlen der Weisheit in Dir. Öffne Dein Herz und verschenke sie großzügig, Du hast den Menschen viel zu geben. Ich Bin der Engel der Verkündigung in Dir.

## Lehre

Du bist eine weise Seele, die schon viele, viele Leben hier auf Erden verbracht hat, um sich selbst zu erfahren und das Leben immer tiefer zu verstehen und zu lieben. Jede Erfahrung, ob schmerz- oder freudvoll, hast Du in Dein liebendes Herz geschlossen. Durch die Kraft Deiner Herzensliebe sind die Erfahrungen zu Perlen der Weisheit in Dir geworden. Es gibt viele Seelen und Meister, die den Weg der Erkenntnis vor Dir gegangen sind und von denen Du lernen darfst. Es gibt jedoch auch viele Seelen, denen Du ein weiser und liebevoller Helfer sein kannst. Öffne ihnen in tiefem Verständnis und Mitgefühl Dein Herz und teile ihnen mit, was Dir auf Deiner Lebensreise Einsicht geschenkt und weitergeholfen hat. So kannst Du ein Stück ihres Weges erhellen und die Perlen der Liebe und der Weisheit in ihr offenes Herz legen. Erkenne, dass alles eins und miteinander verbunden ist. Jede Seele sucht den Weg in die Einheit. Wenn wir uns ein Stück des Weges begleiten, wird es leichter für jeden von uns.

## Übung

Heute gehe ich mit offenen Augen für meine Mitmenschen durch den Tag und öffne mich für eine Herzensbegegnung. Vielleicht möchte sich mir ein Mensch mitteilen und ich kann ihm durch mein offenes Ohr und Herz oder auch mit meinem liebevollen Rat weiterhelfen. In Achtung für die Freiheit jedes Wesens können wir uns gegenseitig bereichern.

# Engel des Vertrauens

## Botschaft

Ich Bin der Engel des Vertrauens. Sanft umfangen Dich meine moosgrünen Schwingungen und tiefe Gewissheit senkt sich in Deine Seele. Ich führe Dich in die Einheit Deines Seins: in Dein hellstrahlendes Ich Bin. Hier findest Du alle Antworten und bist ganz tief bei Dir selbst angekommen. Nimm meine stärkenden Energien in Dich auf und spüre die wunderbare Kraft Deiner göttlichen Persönlichkeit. Öffne Dein Herz und vertraue Deiner inneren Stimme, sie führt Dich in unendlicher Weisheit Deiner Bestimmung zu. Ich Bin der Engel des Vertrauens in Dir.

## Lehre

Die Kraft des Urvertrauens ist in jedem Menschen verwurzelt. In manchen Lebenssituationen scheinen wir jedoch das Vertrauen in das Leben oder gar in uns selbst zu verlieren. Vielleicht sind wir auch durch Erlebnisse in unserem Vertrauen erschüttert worden. Wenn es in unserem Leben um eine Veränderung geht, ist Vertrauen die Kraft, die Brücken zu neuen Lebensufern schlägt. Sie hilft uns, die Kluft der alten Ängste zu überwinden und trägt uns an neue Ufer, die mit wunderbaren Erfahrungen auf uns warten. Das Universum möchte uns in Hülle und Fülle beschenken, wir müssen nur bereit sein, Neuland zu betreten und uns auf neue Erfahrungen einzulassen. Vertraue Dir selbst und Deinem Potential, dann wird jeder Schritt auf Deinem Lebensweg Dein Selbstvertrauen stärken und das Leben selbst Dich mit wunderbaren, heilsamen Erfahrungen beschenken.

## Übung

Tauche in die Stille Deines Herzens ein und pflanze dort den Samen des Vertrauens. Lasse ihn tief in Deinem liebenden Herzen wurzeln und vertraue auf das Leben, welches Deine Seele in wunderbarer Weise erblühen lässt. Lausche auf Deine innere Stimme, sie schwingt im Gleichklang mit dem göttlichen Herzen der Schöpfung und schenkt Dir in diesem Augenblick die Impulse, die für Deinen nächsten Schritt wichtig sind. Danke dem Leben für die Kraft des Urvertrauens in Deiner Seele.

# Engel der Vision

## Botschaft

ICH BIN der Engel der Vision. Meine violettfarbenen
Energien umfangen Dich und wirken wellenförmig auf
Dein Drittes Auge ein, so dass sich Deine Vorstel-
lungskraft aktiviert. ICH BIN ein Instrument Deiner
Schöpferkraft. Nutze mich, um Dir ein erfülltes
Leben zu kreieren. Tauche ein in mein Energie-
feld und sprenge alle Grenzen Deines Verstandes.
Reise in Deine Seelenlandschaft, das Land der un-
begrenzten Möglichkeiten, und lass den schönsten Traum Deines Lebens
Wirklichkeit werden. ICH BIN der Engel der Vision in Dir.

## Lehre

Jede Seele kommt mit einer großen Vision dessen, was sie auf Erden verwirklichen möchte, in dieses Leben. Die Erfahrungen des Lebens führen
häufig dazu, dass wir uns beschränken. Die Bewertung ist ein großer Feind
der Vision. Nutze die Kraft Deiner Tagträume, um Deine Visionen zu stärken. Verbunden mit unserer Herzensmotivation werden sie zu Zielen, nach
denen sich unsere Seele ausstreckt. Klage nicht länger über die Missstände
in unserer Welt, sondern entwirf eine Vision der Mitmenschlichkeit, für
die es sich zu leben und einzusetzen lohnt. Positive Bilder schenken uns
die Kraft der Handlungsfähigkeit. So nutze Deine Visionen als Antriebsmotor, um Dein Licht und Deine Liebe in die Welt zu bringen. All das
Gute, was Du in Deinem Wirkungsfeld tust, wird weithin ausstrahlen und
dazu beitragen, dass sich die Welt verändert. Vertraue der Macht Deines
göttlichen ICH BIN.

## Übung

Tauche in die Stille Deines Herzens ein und spüre einer Vision für Dein Leben nach. Wie möchtest Du gerne leben? Was brauchst Du für ein erfülltes
Leben? Lege Dir dann auf einem großen Blatt Papier ein Visionstableau an,
auf dem Du eine Collage Deiner Träume und Wünsche fertigst. Schreibe
oder male all das auf, was sich in Deinem Leben erfüllen soll. Hänge dieses
Bild für Dich sichtbar auf und lasse Dich jeden Tag vom Bauplan Deiner
Träume inspirieren. Die kreative Schöpferkraft Deines göttlichen ICH BIN
wird Deine Vision Schritt für Schritt in der Realität Deines Lebens erfüllen.

# Engel der Wandlung

## Botschaft

Ich Bin der Engel der Wandlung. Sanft umfangen und durchdringen Dich meine Energien und bringen Wandlung auf allen Ebenen Deines Seins. Ich Bin die Liebeskraft Deines Herzens, die alles aufzulösen vermag, was ihrer Schwingung nicht gleicht. Öffne Dein Herz und übergib alte Muster und Blockaden der Transformationskraft meines Liebesfeuers. Ich Bin die Kraft, die Dein Aurafeld in schillernden Farben erstrahlen lässt. Ich Bin der Engel der Wandlung in Dir.

## Lehre

Als Schöpfer unserer Realität tragen wir selbst die Kraft zur Wandlung und Veränderung in unserem Herzen. Wenn wir uns allzu fest in alten Gewohnheiten eingerichtet haben, können uns Veränderungen unbequem erscheinen. Der Engel der Wandlung ruft Dich auf, Dich und Deine Lebensumstände zu überprüfen. Gibt es alte Selbstbilder, die Dich wie eine Schablone einengen? Welche Glaubenssätze trägst Du über Dich und Dein Leben in Dir? Schenken sie Dir Freiheit oder halten sie Dich in alten Strukturen fest? Deine Seele streckt sich nach Wachstum und Entfaltung aus. Wandlung ist die liebende Transformationskraft, die Dich aus alten Mustern befreit. Die Veränderungen, die Du in Deinem Inneren schaffst, werden auch die Realität Deines Lebens positiv beeinflussen. Nutze die großartige Befreiungskraft Deines göttlichen Ich Bin. Befreit aus dem Kokon der alten Energie schwingt sich Deine Seele wie ein wunderschöner Schmetterling in die Lüfte empor.

## Übung

Heute ist ein Tag der Wandlung und Reinigung. Nimm Dir Zeit für die folgende Übung: Spüre in Dich hinein, welche Gefühle oder Gedanken Deinen Selbstausdruck und Deine Lebensfreude einschränken. Verschnüre all das in ein geistiges Päckchen und übergib es der Flamme der Transformation in Deinem Herzen. Siehe, wie die Herzensflammen die alte Struktur verzehren, so dass die ursprüngliche Energie befreit wird und Dir auf einer neuen Seinsebene zufließen kann. So geschieht Wandlung und Befreiung auf allen Ebenen Deines Seins.

# Engel der Weisheit

## Botschaft

Ich Bin der Engel der Weisheit. Meine goldgelben Schwingungen erhellen Deine Seele und
führen Dich in Deine tiefe Herzensweisheit.
Ich Bin ein Aspekt Deiner inneren Stimme,
die Dich liebevoll auf Deinem Lebensweg führt.
Ich Bin die Kraft, die all Deine Erlebnisse im
Erfahrungsschatz Deines Herzens vereint. Nimm Deine
Erfahrungen dankbar an. Mit der Weisheit Deines Herzens erkennst Du: „Alles hat seinen Sinn und geschieht zu
meinem Besten." Ich Bin der Engel der Weisheit in Dir.

## Lehre

Wir alle tragen die Quelle tiefer Weisheit, unser göttliches Ich Bin, in uns.
In vielen irdischen Leben haben wir vielfältige Erfahrungen gesammelt, die
sich zu unserem inneren Wissen vereinen. Weisheit erwächst aus der Fähigkeit, alle Erfahrungen, ob freud- oder schmerzvoll, in Liebe anzunehmen.
Mit der liebenden Erkenntnis der Weisheit betrachten und verstehen wir
die Zusammenhänge unseres Lebens aus einer höheren Sicht und lernen zu
unterscheiden, was wirklich gut für uns ist. Die Kraft Deiner Herzensliebe
legt sich wie ein heilendes Band um all Deine Erfahrungen und vereint sie
in Deiner inneren Weisheitsquelle, in Deinem Ich Bin. Tauche in Dein
göttliches Ich Bin ein und schöpfe aus Deinem Erfahrungsreichtum und
Deiner ureigenen Weisheitsquelle. Alle Antworten liegen in Dir.

## Übung

Deine Herzensweisheit ist Dein bester Ratgeber. Spüre für einige Momen-
te nach, welche Lebenssituation oder Frage Dich im Moment beschäftigt.
Schließe dann die Augen und stelle Dir die Situation bildlich vor. Öffne
Dein Herz und siehe Deine Herzensweisheit als goldene Kugel vor Dir.
Lege die Situation, die Dich bewegt, in diese Kugel hinein. Spüre, wie das
Bild sich in der Weisheit Deines Herzens aufzulösen beginnt. Nun bitte um
ein neues Bild, ein Gefühl oder eine Erkenntnis, die Dir weiterhelfen wird.
Vertraue der Weisheit Deines Herzens, dass diese Einsicht zu Dir kommen
wird und bedanke Dich dafür.

# Engel der Zufriedenheit

## Botschaft

Ich Bin der Engel der Zufriedenheit. Meine moosgrünen Schwingungen durchdringen Deine Energiekörper und erfassen Dein Herz. Du darfst Dich zurücklehnen und mit den Augen der Liebe auf all das blicken, was Du bereits erreicht hast. Meine Schwingungen schenken Dir tiefen Seelenfrieden und das Gefühl, bei Dir selbst angekommen zu sein. Tief in Deinem Herzen spürst Du: Ich Bin glücklich. Voller Dankbarkeit erkennst Du die wunderbare Führung in Deinem Leben. Ich Bin der Engel der Zufriedenheit in Dir.

## Lehre

Schenke Dir die Zeit des Innehaltens, in der Du Dir vor Augen führst, was Du bereits alles erreicht hast. Zufriedenheit ist eine Seelenschwingung, aus der wir Kraft und Zutrauen schöpfen, sie bringt uns in die Gegenwart und ganz zu uns selbst. Unzufriedenheit erwächst häufig aus dem Vergleich mit anderen Menschen. Den Schlüssel zum Glück finden wir jedoch nicht im Außen, sondern nur in unserem eigenen Herzen. Tauche immer wieder in Deinen Seelenfrieden ein, der aus dem Gefühl der Zufriedenheit mit Dir selbst erwächst. Segne alle Deine Erfahrungen, die Dich an den Punkt Deines Lebensplanes getragen haben, an dem Du momentan stehst. Im Frieden mit Dir selbst erhältst Du aus Deinem Inneren neue Handlungsimpulse für Dein Leben, so dass Deine Essenz, Dein göttliches Ich Bin, immer mehr erstrahlt und der Baum Deines Lebens reiche Blüten und Früchte trägt.

## Übung

Nimm Dir einige Momente in Stille Zeit und schreibe auf, wofür Du stolz auf Dich bist. Schenke Dir Anerkennung für diese mutigen Schritte in Deinem Leben und klopfe Dir ruhig einmal auf die Schulter dafür. Lass nach jeder Wachstumsphase Frieden in Deiner Seele Einzug halten. So kannst Du die Erlebnisse verarbeiten, annehmen und Kraft daraus schöpfen. Zufriedenheit mit Dir selbst ist ein gutes Fundament, das Dich innerlich stärkt, um selbstbewusst in neue Herausforderungen Deines Lebens zu starten.

# Engel der Zuversicht

## Botschaft

Ich Bin der Engel der Zuversicht. Meine goldgelben Strahlen umfangen Dich wie das Licht der liebenden Sonne und erhellen Dein Gemüt. Ich Bin die funkelnde Freude in Deiner Seele und bescheine Dich mit meinem Licht der Zuversicht. Sanft aktiviert sich Dein Sonnengeflecht. Aus der Kraftquelle Deines göttlichen Ich Bin steigt Lebensfreude in Dir auf. Voller Elan widmest Du Dich Deinen Zielen. Ich Bin der Engel der Zuversicht in Dir.

## Lehre

Zuversicht ist die Seelenkraft, mit der wir dem Leben positiv begegnen. Der Engel der Zuversicht verankert das Wissen in Dir, dass das Leben es gut mit Dir meint. Jede Erfahrung bringt Dich auf Deinem Lebensweg voran. Sehr oft beschränken wir uns im Leben aus Angst vor Enttäuschung. Mit Zuversicht im Herzen begegnen wir dem Leben in freudiger Erwartung. Entfache den Funken des Optimismus in Deiner Seele, dass es kein Problem, sondern nur Herausforderungen gibt, an denen Du wachsen kannst und für die es immer eine Lösung gibt. Vertraue auf die Sonnenkraft Deines göttlichen Ich Bin, sie ist die Quelle der Kreativität in Deinem Inneren und wird Dir immer einen Weg aufzeigen. Erwarte das Beste in Deinem Leben und nimm Deine Schöpferkraft freudig an. Die Kraft, Dein Leben positiv zu verändern, liegt zu jeder Sekunde Deines Lebens in Dir.

## Übung

Atme einige Male tief ein und aus und gehe mit Deinem Bewusstsein in Dein Sonnengeflecht hinein. Spüre, wie Deine innere Sonne Dich ganz durchstrahlt und sich Dein Gemüt und Deine Stimmung aufhellen. Atme nun die Gedankenenergie „Ich Bin Licht, Ich Bin Zuversicht" ein und aus und nimm wahr, wie Du Dich immer mehr auszudehnen beginnst. Du bist der Meister Deines Lebens, schöpfe Kraft aus der Quelle der Zuversicht und gehe gestärkt an Deine alltäglichen Aufgaben heran, dann wird sich alles zum Besten entfalten.

# Liebe Leserin und lieber Leser,

wenn Du dieses Buch in Deinen Händen hältst, fühlst Du eine starke Resonanz zu Engeln in Deinem Inneren oder hast bereits wunderbare Erfahrungen mit den himmlischen Boten gemacht. Ich würde mich freuen, wenn die Bilder und Texte eine weitere Herzenstüre in Dir öffnen und eine neue Saite in Dir erklingen lassen, die Dich noch stärker mit der Gegenwart der Engel verbindet.

Auf meinem spirituellen Weg kam ich vor vielen Jahren mit Engelsmeditationen in Kontakt und war zutiefst ergriffen von der Liebesschwingung, die mich bedingungslos einhüllte. Ich fühlte eine tiefe Vertrautheit, denn die Engel bauen die Brücke zu unserer Lichtheimat, in der wir mit vielen Seelenanteilen beheimatet sind.

Seither erlebe ich wunderbare Veränderungen in mir und in meinem Leben, denn durch die liebevollen Schwingungen der Engel kommen tiefe Gefühle in uns zum Fließen, die heilen dürfen und uns in einen Befreiungsprozess hineinführen. Wenn wir einmal mit unserem wahren göttlichen Kern, unserem ICH BIN, in Berührung gekommen sind, wird unser Sehnen immer größer, dieses Licht in uns erstrahlen zu lassen und in die Welt zu tragen. So führen uns die Engel liebevoll in unsere Bestimmung hinein, die wir hier auf Erden verwirklichen wollen. Es ist für mich ein zutiefst beglückender Prozess, den Engelsenergien im Aquarell Gestalt verleihen zu dürfen und so manches Mal habe ich selbst geschmunzelt über die prägnanten Gesten, die sich zu den Seelenqualitäten ausgedrückt haben. So ist mit den Engelsenergien ein Strom von Kreativität, Lebensfreude und Liebe in mir zum Fließen gekommen, für den ich unendlich dankbar bin.

Wir alle tragen diesen Gefühlsreichtum in uns. Öffne Dich dem göttlichen Liebeslicht und lasse Deine göttliche Persönlichkeit in ihren schillernden Facetten erstrahlen. Du bist ein Funke der Schöpfung und eine Bereicherung für das Leben. Mögen Dich die Engel tief im Herzen berühren und Dich an Dein wahres göttliches Sein erinnern.

*Mit einem liebevollen Gruß*
*Silke Bader*

# Über die Autorin

**Silke Bader**, Jahrgang 1973, wirkt als freischaffende Künstlerin und Autorin. Sie lebt mit ihrem Seelenpartner Siegfried Bader am Ammersee. Von 2004 bis 2007 war das Paar Herausgeber des spirituellen „IchBin-Magazins", das sich den göttlichen Funken in jedem Leben zum Thema gesetzt hat. Während dieser Zeit entstanden Silkes Engel-Kartensets, ein Engelbuch, das gemeinsame „Wunscherfüllungs-Set" sowie eine Meditations-CD, die im Windpferd Verlag erschienen sind.

Seit Anfang 2008 widmet sich das Paar in wunderschönen Atelierräumen in Dießen am Ammersee der Seminararbeit in Form von Engelseminaren, musikalischen Veranstaltungen sowie künstlerischen Projekten. Silke Bader bietet hier Engel-Einzelreadings an, in denen sie eine persönliche schriftliche Engelbotschaft übermittelt. Mit großer Liebe widmet sie sich dem Malen persönlicher Seelen-Engel, die sie in meditativer Einstimmung auf die Person empfängt. Das Original-Aquarell wird durch eine schriftliche Botschaft des Engels ergänzt.

Silke und Siegfried Bader sind mit ihren Seminaren und Einzelberatungen im deutschsprachigen Raum auf Reisen. Termine, Veranstaltungsorte und viele weitere Informationen zu ihrem Angebot finden Sie unter
www.ichbin-magazin.de

# Lebensfrohe Engel mit Pfiff

Farbenfrohe Engel, die charmant das Herz erobern: Diese Kartensets verzaubern jeden Betrachter – und jeder findet die Botschaft, die vollkommen die Atmosphäre des jeweiligen Augenblicks widerspiegelt.

Silke Bader
**Engelschlüssel**
ISBN 987-3-89385-553-7

Silke Bader
**Aus unserer Quelle für Dich**
ISBN 987-3-89385-457-8

Silke Bader
**Schutzengel Impulse**
ISBN 987-3-89385-535-3

www.windpferd.de